交叉重叠麻花型
盾构隧道群施工关键技术

董子龙 裴 超 等 编著

人民交通出版社股份有限公司

北 京

内 容 提 要

本书是"面向挑战的隧道及地下工程"丛书之一。依托天津地铁 5 号线、6 号线 1 标工程的科研成果及工程实践经验，针对富水软弱地层变形、交叉重叠隧道施工中多条隧道相互干扰、同一端头盾构多次始发接收、周边老旧建构筑物在盾构侧穿施工多次扰动下的安全性等施工难题，基于随机场可靠度原则和理论与沉降控制的随机理论，模拟计算各种工况下隧道自身和地表的受力和变形情况，对变形进行精细分析并用于指导施工。全书系统阐述了包括交叉、重叠盾构隧道总体的施工组织，深层端头加固，密闭式钢套筒外延钢箱始发接收、重叠段隧道深孔注浆、移动式可调节压力的支撑台车、智能化监控量测等的交叉重叠隧道群建造关键技术体系。

本书共分为 7 章，内容涵盖绪论、交叉重叠麻花型盾构隧道群风险分析、随机场可靠度理论、隧道施工受力分析、交叉重叠段盾构隧道施工关键技术、盾构隧道施工信息化施工技术、总结等。

本书可供从事隧道工程建设的工程技术人员参考，亦可供高等院校相关专业师生学习使用。

图书在版编目(CIP)数据

交叉重叠麻花型盾构隧道群施工关键技术 /董子龙等编著. — 北京：人民交通出版社股份有限公司，2021.12
ISBN 978-7-114-17600-5

Ⅰ.①交… Ⅱ.①董… Ⅲ.①地铁隧道—隧道施工—盾构法—研究—天津 Ⅳ.①U231.3

中国版本图书馆 CIP 数据核字(2021)第 189475 号

面向挑战的隧道及地下工程
Jiaocha Chongdie Mahuaxing Dungou Suidaoqun Shigong Guanjian Jishu

书　　名：	交叉重叠麻花型盾构隧道群施工关键技术
著 作 者：	董子龙　裴　超　等
责任编辑：	张　晓
责任校对：	孙国靖　扈　婕
责任印制：	张　凯
出版发行：	人民交通出版社股份有限公司
地　　址：	(100011)北京市朝阳区安定门外外馆斜街 3 号
网　　址：	http://www.ccpcl.com.cn
销售电话：	(010)59757973
总 经 销：	人民交通出版社股份有限公司发行部
经　　销：	各地新华书店
印　　刷：	北京建宏印刷有限公司
开　　本：	787×1092　1/16
印　　张：	12
字　　数：	274 千
版　　次：	2021 年 12 月　第 1 版
印　　次：	2021 年 12 月　第 1 次印刷
书　　号：	ISBN 978-7-114-17600-5
定　　价：	78.00 元

(有印刷、装订质量问题的图书由本公司负责调换)

丛书编写委员会

主任委员

洪开荣

副主任委员

王小平　郭卫社

编　　委（按姓氏笔画排序）

于明华	方俊波	卢建伟	叶康慨	冯欢欢	吕建乐	刘龙卫
刘瑞庆	阮清林	孙振川	杜闯东	李丰果	李凤远	李红军
李志军	李治国	杨　卓	邹　翀	汪纲领	张　迅	张　辉
陈文義	陈振林	陈　馈	国　佳	郑大榕	赵　胜	莫智彪
高　攀	郭陕云	康宝生	董子龙	韩忠存	曾冰海	

本册编写委员会

主任委员

董子龙

副主任委员

裴　超　李建高　覃正杨　黄海山

主要撰稿人

裴　超　杨　义　王长虹　李建高　杨永祥　孟树红　沙平平
袁　甲　杨　跃　王　震　刘永红　何红员　马召广　袁启航
刘艳萍　隆　卫　杨永清　杜文明　舒　丹　蔚宁哲　张海东

编　　委（按姓氏笔画排序）

董子龙　裴　超　李建高　杨　义　刘艳萍　袁　甲　丛立刚
杨　跃　黄从刚　任少权　黄海山　颜　巍　杨永祥　孟树红
沙平平　杨永清　祝明明

本 册 顾 问

郭小华　王锡锋　余富先　向　斌　常　翔　张　迅

丛 书 序
Introductory

  200万年前人类祖先已择洞而居,遮蔽风雨,抵御猛兽。中华文明文字记载的隧洞挖掘可追溯至公元前722年郑庄公与其母姜氏"阙地及泉,隧而相见"。人类经过不断探索研究和工程实践,如今随着技术的不断进步与可持续的文明发展,人们对采用隧道与地下工程解决人类生存与地面环境矛盾的认识越来越深刻,如解决地面交通问题、解决水资源分布不均的问题、解决地表土地资源稀缺的问题、解决能源安全储存的问题、解决城市地表环境的问题,等等。特别是进入21世纪以来,人类已广泛形成了"来自地表挑战的地下工程解决方案"的共识。同时,正是这些应对挑战的隧道与地下工程解决方案,使得隧道与地下工程建设本身又面临着新的技术挑战,如超深埋的山岭隧道、超浅埋的城市隧道、超长隧道、跨江越海隧道以及复杂地面与地下建(构)筑物环境下的隧道与地下工程等。另外,隧道及地下工程建设还要面临极其复杂的地质条件与恶劣环境的挑战,如高地温、高地应力、高水压、极硬岩、极软岩、地下有害气体、岩溶等。

  新中国成立以后,随着铁路、公路、水利水电等基础设施的大规模建设,隧道与地下工程进入快速发展期。至20世纪末,我国累计建成铁路隧道6211座,隧道总长度达3514km,为解放前铁路隧道长度的22倍。进入21世纪以来,中国的铁路、公路、水利水电、城市地铁、综合管廊、城市地下空间、能源洞库等得到爆发式的发展,中国一跃成为隧道与地下工程发展最快的国家,隧道总量居全球首位。至2017年年底,中国运营隧道(洞)总长达39882km,在建隧道总长约17000km,规划的隧道长度约25000km。隧道与地下工程呈现出向多领域应用延伸,并具有明显地向复杂山区、城市人口密集敏感区发展的趋势。可以说,21世纪,隧道与地下工程将大有作为,但面临的挑战与压力也将是史无前例的。

  中铁隧道局集团为原铁道部隧道工程局,是国内隧道与地下工程建设的主力军,年隧道建设能力达500km以上,累计建成隧道(洞)约7000km。中铁隧道局自1978年建局以来,承担了我国大量的重、难、险隧道与地下工程建设任务,承建了众多具有标志性、里程碑意义的隧道与地下工程,如首次采用新奥法原理修建的衡广复线大瑶山隧道(14.295km)——开创了我国修建长度超过10km以上隧道的先河,创立浅埋暗挖法修建的北京地铁复兴门折返线——标志着我国地铁建设由"开膛破肚"进入暗挖法时代,首次采用沉管法修建的宁波甬江隧道——标志着我国水下隧道建设的跨越,创建复合盾构施工工法建设的广州地铁2号线越秀公园—广州火车站—三元里区间隧道——标志着我国地铁建设迈入盾构时代。从北京地铁,到广州地铁,再到全国其他43座城市的地铁建设,标志着我国地铁建设技术迈入了引领行列;从穿越秦岭的西康铁路秦岭隧道(19.8km),到兰武铁路乌鞘岭隧道(20.05km)、南疆二线中天山隧道(22.48km)、兰渝线西秦岭隧道(28.24km)、成兰线平安隧道(28.43km)等众多20km以上的隧道,再到兰新铁路关角隧道(32.6km)、大瑞铁路高黎贡山隧道(34.5km),以及引水工程的引松隧洞(69.8km)、引汉济渭隧洞(98.3km)、引鄂喀双隧洞(283km),展示着我国采用钻爆法、TBM法技术能力的综合跨越;从"万里长江第一隧"武汉长江隧道,到首座钻爆法海底隧道厦门翔安隧道、海域第一长隧广深港高铁的狮子洋隧道(10.8km)、首座内河水下立交隧道长沙营盘路湘江隧道、内河沉管隧道南昌红谷隧道,镌刻下我国水下隧道建设技术的成熟与超越;从平原,到高山,到水下,隧道无处不在,给人们带来了便利生活与环境的改善。同时伴随着这些代表性隧道工程的建设,我国隧道施工机械装备与技术方法,也实现了一个又一个台阶的跨越,每一个台阶无不留有隧道人为人类美好生活而挑战自然、驾驭自然的智慧与创造。

"隧贯山河,道通天下"是隧道人的追求与梦想,更是我们的情怀,也是我们对美好生活向往的真实写照!中铁隧道局集团的广大技术人员,本着促进隧道技术进步、共享隧道建设成果为目的,以承建的重、难、险隧道工程为依托,计划将隧道建设中遇到的难题、形成的技术、积累的经验以及对隧道工程的思考,以专题技术的方式记录和编写一部部出版物,形成"面向挑战的隧道及地下工程"系列丛书。希望本丛书对隧道及地下工程领域的发展与进步具有一定的参考与借鉴价值,同时期待耕耘于该领域的专家、学者和同行进行批评指正,也寄望能给未来的隧道人带来启迪,从而不断地推动隧道及地下工程技术的进步,更加自信地应对社会发展对隧道的需要与建设隧道中的挑战,更好地服务于人类!

在我们策划"面向挑战的隧道及地下工程"丛书的过程中,人民交通出版社股份有限公司给予了我们极大的帮助,共同讨论丛书的架构、篇目布局等,在此致以崇高的敬意!

本系列丛书在编写过程中得到了许多基层技术人员的支持与帮助,相关单位和专家也为丛书的出版做了大量的组织和支持工作,在此一并向他们致以诚挚的感谢!

2018年12月

前　言
Preface

随着我国城市化进程的加快,交通拥堵成为制约城市发展的一个重大问题,而地下交通的利用能够有效缓解交通拥堵现状。因此,越来越多的城市投入到地下轨道交通的规划建设当中。地下空间的集约化运维管理伴随着交叉重叠隧道的产生,群洞隧道施工的关键技术研究已然成为地下工程发展的热点、重点和难点问题。交叉重叠麻花型隧道建设通常具有以下特点:①地下空间利用率高;②满足多条地铁线路同台换乘,提升出行的便捷性;③多次始发、接收造成土体扰动大,易发生渗漏水及周边构筑物变形等事故;④交叉、重叠隧道群之间相互扰动,后行隧道易引起已完工隧道的变形。目前,上海、深圳、南宁、杭州和天津等城市均采用上、下重叠及交叉重叠隧道设计模式。总结历史工程资料可以发现,隧道对周边环境影响的研究主要集中在对地下管线、桩基、既有隧道结构以及地面建筑等方面,而且大部分是针对单洞及水平平行隧道,对于交叉、重叠麻花型隧道群的理论分析和施工技术的研究成果相对较少。

本书以天津地铁5号线、6号线1标项目的科研成果及工程实践经验为依托,深入研究了交叉、重叠隧道施工的各项难题和解决措施,该项目由"一站""四区间"组成,其中5号线、6号线环湖西路站至宾馆西路站区间为5号线、6号线并行区间,6号线为上下完全重叠隧道,5号线为交叉、重叠麻花型隧道。该项目周边环境极为复杂,沿线穿越大量浅基础老旧建筑物群,卫津河等建(构)筑物;全区间处于软弱、富水地层中;区间线路上下重叠、立体交叉,线形布局复杂;部分覆土浅,施工难度大;四台盾构同一端头始发,且始发、接收端头处于超深、富水地层,施工风险大;项目工期紧,施工制约因素多,跨度大,协调工作量大的特点。本项目重难点主要体现在3个方面。一是始发、接收端头埋深大(最大深度达27.5m),且洞身土体多为含水丰富的软弱土层和砂层,易发生漏水,造成水土流失。同一端头多次始发、接收会对周边环境产生叠加影响,而且先行隧道始发或接收后不可避免会对周边地层产生一定影响,破坏后行隧道的加固体,增大后行隧道始发、接收涌水涌沙的风险。二是重叠、交叉段隧道最小净间距仅1.9m左右,最浅埋深仅7.82m左右。盾构掘进施工过程中难免会对周围土体扰动,由于隧道之间距离较小,先施工隧道施工完成后,其余隧道位置的水文、地质可能会产生一定变化,为后施工隧道的掘进带来一定困难,同时后施工隧道在施工时难免会引起已完隧道结构、既有建(构)筑物和地表沉降、变形。三是盾构区间沿线有32栋老旧民房,此建(构)筑物群大多是修建于20世纪80年代的条形基础、砖混结构居民楼,房屋自身抗变形能力差,且需要经过车站开挖、4条隧道施工、附属结构施工的6次扰动,沉降控制极为困难。作者团队通过建模分析,计算出各种工况下隧道自身和地表的受力和变形情况。采用密闭式钢护筒、外延钢箱用于盾构始发、接收,确保始发、接收的安全;对重叠段隧道进行深孔注浆加固和采用移动式可调节压力的支撑台车控制重叠段隧道自身和周边环境的变形;强化对管片内力、地层水土压力、管片之间应力、支撑轴力的监控量测,及时反馈并指导施工。

本书针对上述问题与挑战,结合其他地区交叉重叠隧道的工程实践经验,基于随机场可靠度理论,通过对交叉、重叠段隧道的数值模拟明确受力及变形特征,秉持了"监测先行、盾构主导、风险控制、信息化保障"的技术思路,系统总结了交叉重叠等复杂工况下盾构隧道群修建关键技术以及相应的安全质量控制要点,以及相应的信息化技术。

本书是"面向挑战的隧道及地下工程"系列丛书之一。该系列丛书由中铁隧道局集团有限公司组织编写,总工程师洪开荣担任总主编,依托中铁隧道局集团有限公司承担的重、大、艰、险工程项目以及重大科技攻关项目,记载建设关键理论、创新技术与发展成果的应用技术著作丛书。本分册由董子龙、裴超、李建高、覃正杨、黄海山组织编写。全书共分为7章,主要介绍了交叉、重叠隧道群施工的研究背景和研究现状,以及主要内容与技术路线;工程概况、工程特点、重难点及风险分析、施工部署;随机场可靠度理论;模拟计算结果;交叉重叠隧道群施工关键技术;新型监控量测技术;总结等。

限于作者水平有限,书中难免存在疏漏和不足之处,恳请各位专家和读者批评指正。

编　者
2021年6月

目 录
Contents

第 1 章　绪论　001
　　1.1　研究背景　003
　　1.2　交叉重叠盾构区间隧道技术研究现状　004
　　1.3　本书的主要内容与技术路线　006

第 2 章　交叉重叠麻花型盾构隧道群风险分析　009
　　2.1　工程概况　011
　　2.2　工程特点、重难点及风险分析　020
　　2.3　施工部署　023

第 3 章　随机场可靠度理论　043
　　3.1　可靠度响应面方法　045
　　3.2　可靠度随机场方法　046

第 4 章　隧道施工受力分析　051
　　4.1　概述　053
　　4.2　受力分析典型断面的选取　054
　　4.3　下部隧道架设钢支撑受力分析　055
　　4.4　隧道及土体力学分析　063
　　4.5　隧道及土体变形分析　068
　　4.6　结论分析　090

第 5 章 交叉重叠段盾构隧道施工关键技术 ········ 093

- 5.1 端头井加固技术 ········ 095
- 5.2 盾构始发与接收 ········ 103
- 5.3 交叠段注浆加固控制技术 ········ 107
- 5.4 重叠段移动钢拱台车技术应用 ········ 109
- 5.5 克泥效沉降控制技术 ········ 111
- 5.6 同步注浆改良技术 ········ 112
- 5.7 后期规划地铁线预加固技术 ········ 113
- 5.8 特殊地层掘进技术 ········ 117
- 5.9 电瓶车防溜车技术 ········ 122
- 5.10 盾构掘进技术 ········ 125
- 5.11 联络通道施工技术 ········ 128
- 5.12 盾构机组装与调试 ········ 134
- 5.13 洞门施工方案 ········ 141

第 6 章 盾构隧道施工信息化施工技术 ········ 143

- 6.1 施工监测与测量 ········ 145
- 6.2 地表现场沉降监测分析与模拟数据对比 ········ 169

第 7 章 总结 ········ 175

参考文献 ········ 179

第 1 章 绪论

Key Technologies for Construction of Cross-overlapping Twisted Shield Tunnel Groups

Key Technologies for Construction of Cross-overlapping Twisted Shield Tunnel Groups

1.1 研究背景

地铁作为城市轨道交通网建设的首选,纵横交错地分布在城市的地下空间。尤其是在城市的中心地段,地面交通繁忙、人流密集、高层建筑物林立,选择合理的地铁修建施工方法是保障城市安全运维的前提。在地铁区间隧道施工过程中,通常选择对周边环境扰动较小的盾构施工方法。我国隧道界经过近半个世纪的努力,学习和吸收世界各国先进的成功经验,在设计理论和施工方法上出现了一大批创新成果。

有效利用地下空间,提高轨道交通通行能力,多线并行,多线换乘为城市交通拥堵提供了新的解决思路。在地下轨道交通的规划当中,大型复杂隧道工程不断涌现,交叉重叠隧道相继在上海、北京、深圳、苏州、杭州等城市的轨道交通工程中出现,主要典型工程如下所述。

(1) 上海轨道交通 13 号线一期工程,淮海中路站—淡水路站区间采用了 440m 长的重叠隧道区段。

(2) 北京地铁 6 号线,北海北站—南锣鼓巷站区间采用了上下交叉重叠隧道,区间长 450.63m。

(3) 深圳地铁一期工程,罗湖站—国贸站—老街站—大剧院站区间采用了交叉重叠段设计;深圳地铁 3 号线,红岭站—老街站区间 380m 的重叠盾构隧道;2 号线的大剧场站—湖贝站区间,7 号线的华新站—黄木冈区间、笋岗站—洪湖站区间均采用重叠盾构隧道形式对建筑物进行避让或适应车站形式。

(4) 中铁上海工程局集团公司城轨分公司承建的苏州市轨道交通 3 号线,现代大道站—娄江大道站区间采用了 374.136m 长的重叠盾构隧道。

(5) 杭州地铁 1 号线,文化广场站—艮山门站是小间距交叉重叠盾构隧道区间,交叉重叠段隧道长 90.495m。1 号线和 3 号线从武林广场站—文化广场站采用了四线交叉重叠盾构的设计,上下重叠段大约长 150m。

(6) 广州市轨道交通 3 号线,主线隧道与支线隧道采用"Y"字形分叉,在交叉口处产生交叉重叠。

为了提高轨道交通换乘效率,天津地铁 5 号线、6 号线环湖西路站临近区间隧道采用四线"左右交叉、上下重叠"的空间线形,给隧道工程师带来了巨大的挑战。例如 4 条区间隧道的施工对地面变形的相互影响规律问题,在实践观察中,盾构隧道推进总是造成地面沉陷,局部不均匀沉降等现象,此类地表沉降对周围建筑物的影响也是隧道工程师关心的问题。对于复杂盾构隧道力学状态,在工程项目修建前,应有一个定性和定量的认识,预先判断工程实施过程中可能出现的风险,以便提前采取工程措施。

1.2 交叉重叠盾构区间隧道技术研究现状

(1)重叠盾构区间隧道技术研究现状

台启民等依托北京地铁6号线北海北站—南锣鼓巷站区间隧道工程,采用数值模拟和现场实测相结合的方法,对5种典型断面在不同开挖顺序、不同空间位置关系、不同超前深孔注浆厚度下的地表变形特性进行了研究,该工程为北京地区首例暗挖交叉重叠隧道工程。安红刚等在分析交叉重叠隧道盾构法施工引起地表变形的基础上,采用进化神经网络建立地表变形智能预测模型,由此预测盾构推进过程中的地表变形,以便给施工控制提供依据。章慧健等人以深圳地铁3号线老街站—晒布路站区间重叠隧道工程为背景,采用三维数值模拟和室内离心模型试验相结合的方法,对上部隧道施工引起下方已建隧道纵向变形进行了研究。高江宁为避免轨道交通区间线路与高架立交桥桩基位置关系的矛盾,对福州地铁2号线穿越五里亭立交桥段区间线路提出了采用上、下重叠的方案,有效避免了区间线路走向对周边建筑、高架立交桥结构和交通影响。

丁修恒等依托苏州市轨道交通3号线土建Ⅲ-TS-14标现代大道站—娄江大道站区间重叠隧道工程,详细介绍了管片衬砌结构设计和施工组织技术,选取重叠段中间50环管片对应的盾构掘进参数进行了统计分析,包括掘进速度、同步注浆压力与注浆量、土仓压力、盾构推力与扭矩、刀盘转速、出土量、二次注浆压力与注浆量。解决了软土中重叠隧道盾构掘进参数控制值的问题,为今后类似工程提供了技术指导。赵巧兰介绍了复杂工程条件下深圳地铁3号线红岭站—老街站区间隧道设计的基本情况,详细论述了区间隧道设计的重、难点及解决方案,同时对区间隧道设计过程中的设计经验、方案变更过程及存在不足之处进行了全面总结。

(2)交叉隧道工程技术研究现状

靳晓光等通过三维弹塑性有限元数值仿真模拟,分析了横通道不同施工方案和动态施工过程对主隧道围岩与初期支护结构力学行为的影响。中国台湾的一些学者就不同岩体评分(Rock Mass Rating,RMR)对交叉隧道应力—应变状态,不同应力场对隧道应力—应变状态,不同交叉方式对衬砌应力的影响及隧道交叉段破坏位置等进行了研究。游步上等采用FLAC^{3D}程序分析隧道交叉段的应力—变形状态,探讨不同应力场与不同岩石强度参数对隧道交叉段应力变化的影响。张宪鑫通过施工现场实测资料,结合三维弹塑性有限元数值仿真模拟,对深埋隧道主洞与横通道交叉段施工力学特性进行研究。张玉军等对拟建的丰泽街隧道上下行隧道立交处围岩稳定性进行了有限元计算分析后认为:掌握围岩和支护的力学动态,及时反馈调整施工方法和支护参数,进行现场监测项目非常关键。白廷辉等详细介绍了上海地铁2号线隧道与地铁1号线隧道交叉段采用盾构法施工过程中变形的现场监控量测方法。

(3) 交叉重叠盾构隧道技术研究现状

韦青岑等依托昌岗电力隧道与广佛地铁隧道交叉重叠段工程进行了研究,该研究使用大型有限元软件 ANSYS 建立了能全面反映交叉盾构隧道掘进全过程的三维模型,并采用了 Druck-Prager 弹塑性的非线性本构模型,对"先下后上"与"先上后下"进行分析,得出了最优的施工方案。高菊英结合武汉地铁 4 号线、6 号线钟家村换乘站交叉重叠隧道的工程实例,通过三维数值模拟分析,从隧道施工顺序、控制掘进参数、注浆加固措施及二次注浆方面进行重叠隧道段掘进技术的研究。杨春晖阐述了交叉重叠隧道建造技术的要点。巫环依据广州市轨道交通 3 号线,通过对开挖顺序、爆破控制、支护参数的确定及监测成果的分析,介绍交叉重叠隧道施工的一些经验,为类似施工提供参考。

赵军等以杭州地铁 1 号线文艮盾构区间的左、右线交叉重叠区间隧道为研究对象,采用有限差分软件 $FLAC^{3D}$ 模拟"先上后下"和"先下后上"两种施工工况引起的地表沉降和隧道上浮下沉情况,通过分析比较两种施工工况对地表沉降横向影响范围、地表沉降的极值、先上后下施工上部隧道的最终下沉量和先下后上施工下部隧道的最终上浮量,确定交叉重叠隧道先下后上的施工工况。段宝福等以深圳地铁太安站至怡景站区间交叉重叠双层隧道为研究对象,对复杂环境下的关键施工技术进行阐述与分析,利用 ABAQUS 软件建立有限元计算模型,对施工过程进行数值模拟计算,并与现场的实际监测资料进行对比分析,最终证明在城市地质条件较差的情况下,群洞重叠隧道借助超前小导管注浆加固的辅助施工方法,可实现上下重叠隧道错开一定开挖步距后同步进行开挖。张海波等以上海市轨道交通明珠线二期工程,浦东南路站至南浦大桥站区间近距离交叠隧道盾构施工为研究对象,采用三维非线性有限元,对近距离交叠情况下后建隧道盾构施工引起老隧道衬砌的应力和变形进行了模拟;并研究了土层性质、隧道覆土厚度、隧道间相对位置、隧道间相对距离等因素与隧道间相互作用影响的关系。结果表明,隧道间的相对位置、相对距离对隧道间相互作用的影响非常大,应引起足够的重视。刘秋霞等为有效控制隧道扰动下的地表沉降及周边建筑物的破坏,掌握交叉重叠区间盾构隧道施工过程的时空效应,选取典型重叠及交叉区间段分别建立三维地层至结构模型,考虑开挖卸荷效应,按照先下后上的施工顺序对四线工程施工进行了全过程模拟。根据流—固耦合理论的有限元计算方法对隧道掘进过程中的地表沉降控制进行了有效评估。现场采取合理的监测方案,利用先进监测设备对关键部位进行了地面监测点布设,并对现场地表沉降监测数据进行了探讨分析。

程红战等采用随机场理论和数值分析相结合的方法,研究土性参数的空间变异性对盾构隧道施工地表变形的影响。利用协方差矩阵分解法建立描述土性参数空间变异性特征的随机场模型,结合蒙特—卡洛(Monte-Carlo)策略,采用 $FLAC^{3D}$ 软件分析弹性模量的变异系数、相关距离对地表变形的影响。李健斌等认为准确预测隧道开挖引起的地层变形对保障施工安全非常关键。依托穿越厦门地区典型风化花岗岩地层的盾构隧道工程,以土性参数的空间变异性为切入点,针对多层土双线盾构隧道施工地层变形问题,基于随机场理论,采用 Monte-Carlo 策略和有限差分模拟计算相结合的方法,开展地层变形随机分析,并对开展盾构隧道施工地层变形响应进行了可靠度分析。

1.3 本书的主要内容与技术路线

本书的研究思路为通过控制沉降来指导施工，对各种工况进行数值模拟计算，并对隧道工程的受力和变形进行分析，而后以随机理论对结果进行可靠度分析。本书主要内容如下：

第 1 章介绍交叉、重叠麻花型盾构隧道的研究背景、技术研究现状及主要的研究内容和技术路线。

第 2 章介绍工程的具体情况，对于复杂的周边建筑情况，工程地质情况，地下管道复杂，以及工程本身交叉、重叠段施工技术所造成的困难，给予一定的风险预测和解决方法，并制定施工部署。

第 3 章介绍经典随机理论来描述岩土参数的变异性。计算盾构隧道地表沉降可靠指标，从而控制施工风险。主要方法包括：采用局部均值方法将多个非平稳土层的同一岩土参数转化为平稳各向异性随机场变量，并给出随机场的统计特征；简化岩土参数的空间变异性为一般变异性，直接采用响应面方法计算盾构隧道地表沉降可靠指标；提出协同序贯高斯离散算法，在空间网格上实现多元岩土参数随机场的同步离散化，并基于经典 Monte-Carlo 随机模拟原理和盾构隧道数值计算，直接统计地表沉降的可靠指标；引入子集 Monte-Carlo 随机模拟加速算法。

第 4 章通过对下部隧道撑进行有无钢支撑的数值模拟计算，对结果进行内力检验，判断是否需要架设钢支撑；采用荷载—结构模型验算多种工况下管片内力，并与三维地层—结构结果进行比较；利用有限元软件 ANSYS 和岩土计算软件 FLAC^{3D} 对环湖西路站西端 5 号线、6 号线区间隧道空间交叠段进行了数值模拟计算，并进行力学分析；分析 4 条区间盾构隧道"左右交叉、上下重叠"的施工相互影响，如盾构管片的内力、变形等规律；分析盾构隧道施工对周边环境的影响，进行地表变形规律和土层力学流—固耦合状态变化的研究；进行四线交叉、重叠处地表沉降的模拟预测；使用随机场可靠度理论对沉降位移进行可靠度分析。

第 5 章结合天津市地铁 5 号线、6 号线 1 标交叉重叠段隧道的工程实例，通过三维数值模拟分析，从隧道端头加固技术，始发、接收新技术，交叠段注浆加固控制技术，重叠段移动钢拱台车技术应用，以及特殊地层掘进技术等方面进行交叉重叠段盾构隧道掘进关键技术的研究。

第 6 章介绍信息化施工技术，包括两种方式：一种是施工监测，施工监测是指在建构筑物施工过程中，采用监测仪器对关键部位各项控制指标进行监测的技术手段，在监测值接近控制值时发出报警，用来保证施工的安全性，也可用于检查施工过程是否合理；另一种是施工测量，是指在工程施工阶段进行的测量工作，包括控制点的验收及测量定位、布置测量网点、测量管理和施工期间的变形观测等。

第 7 章总结了由交叉重叠麻花型盾构隧道工程实践得出的经验。

本书的主要技术路线如图 1-1 所示。

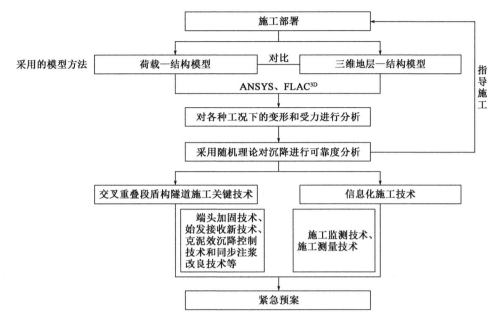

图 1-1　交叉重叠麻花型盾构隧道施工技术路线

第 2 章

交叉重叠麻花型盾构隧道群风险分析

Key Technologies for Construction of Cross-overlapping Twisted Shield Tunnel Groups

Key Technologies for Construction of Cross-overlapping Twisted Shield Tunnel Groups

本章主要介绍天津地铁5号线、6号线文化中心1标工程的基本概况。对于复杂的周边建筑情况、工程地质情况、特殊的地下管道,以及工程本身交叉重叠线状所带来的施工困难,做出一定的风险预测,并提出解决方法。其中主要是对重叠交叉麻花型盾构隧道群同一端头井的多次始发、接收,周边环境沉降控制,以及隧道自身变形和相互影响这些重难点进行风险分析。

2.1 工程概况

2.1.1 工程地理位置

天津地铁5号线、6号线文化中心1标工程位于天津市南开区与河西区交界处,由"一站"(环湖西路站)"四区间"(环湖西路站与水上东路站组成区间一、环湖西路站与体育中心站组成区间二、环湖西路站与宾馆西路站组成区间三和区间四)组成,其中环湖西路站至宾馆西路站区间为5号线、6号线并行区间。标段位置如图2-1所示。

图2-1 工程地理位置及范围

2.1.2 盾构区间概况

(1)区间设计概况

隧道设计均为圆形断面,隧道内径5500mm、外径为6200mm;采用C50P10预制钢筋混凝土管片衬砌;除5号线环体区间管片宽为1200mm外,其他管片宽均为1500mm,管片厚

350mm;每环管片采用"3+2+1"(3块标准块、2块邻接块和1块封顶块)模式,错缝拼装,弯曲螺栓连接和管片背后注浆回填。

区间单线全长8024m,其中重叠段长1883.6m,覆土厚度6.56~20.01m,最大纵坡25.5‰,最小半径300m,隧道最小净间距为2.30m,见表2-1。

区间设计概况汇总表　　　　　　　　　表2-1

区 间 名 称	区间长度 (m)	重叠段长度 (m)	覆土厚度 (m)	最大纵坡 (‰)	最小半径 (m)	最小净间距 (m)
6号线水环区间	678	196	6.56~10.96	21.9	350	2.30
5号线环体区间	1108	174	7.95~16.75	24.6	300	2.31
6号线环宾区间	1092	1092	8.45~11.1	8.5	400	2.31
5号线宾环区间	1134	421.6	10.05~20.01	25.5	400	2.31

6号线区间隧道以平行状驶出水上东路站,渐变为交叉、重叠线状驶入环湖西路站,隧道以右上左下重叠线状驶出环湖西路站,并径向延伸至宾馆西路站。如图2-2所示,5号线区间隧道以右上左下重叠线状驶出宾馆西路站,从交叉状渐变为拧"麻花状",以左上右下重叠线状驶入环湖西路站,隧道以上下重叠线状驶出环湖西路站渐变为交叉、平行状驶入体育中心站。

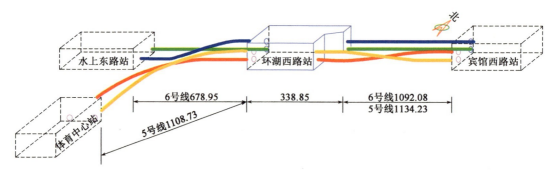

图2-2　盾构区间示意图(尺寸单位:m)

(2)联络通道、泵房设计概况

本标段区间仅在5号线环体区间设置1座联络通道(兼废水泵房)。联络通道兼废水泵房为直墙拱形断面形式,均采用冷冻法加固,矿山法开挖,并添加钢拱架、网喷混凝土初期支护与二次模筑混凝土相结合复合式衬砌。

(3)防水设计概况

区间隧道以管片结构自防水模式为根本、接缝防水为重点,确保隧道整体防水。使用单道框形弹性密封垫设于接缝的外侧。弹性密封垫材质为三元乙丙橡胶(EPDM),断面为多孔多槽的特殊构造,其表面形成复合遇水膨胀橡胶。封顶块纵向插入前方,要求邻接块与封顶块纵缝相接触的弹性橡胶密封垫表面涂刷润滑剂。管片角部弹性橡胶密封垫表面应覆有丁基橡胶腻子薄片,以加强角部防水,且丁基橡胶腻子薄片仅应覆盖部分密封垫(不遮盖所复合的遇水膨胀表面)。变形缝处采用于弹性橡胶密封垫表面加贴遇水膨胀橡胶薄片的方式来加强变形缝处的防水性能。

管片环纵缝内沿留设嵌缝槽,道床混凝土范围内的管片嵌缝槽以快硬水泥嵌填。对于进出洞及联络通道 25 环范围内的管片全环嵌缝,嵌缝材料一般为水膨胀密封胶和快硬水泥,整环变形缝、钢管片环之间、钢管片环与混凝土管片环之间的嵌缝材料均为高模量聚氨酯密封胶。螺孔与回填注浆孔均应设置螺孔密封圈,其材质为遇水膨胀橡胶。

2.1.3 周边建筑物状况

环水区间线路沿宾水道布置,北侧为新城市花园住宅区,与最近建筑的距离约 2 倍隧道直径,环体区间线路南侧为中国农业银业天津培训学院,最小距离 1.2m,周边建筑物状况见表 2-2,建筑物位置关系如图 2-3、图 2-4 所示。环宾区间周边建筑物较多,其中大多数位于 1 倍隧道直径以内,其中最小距离为 0.6m。

建筑物状况表　　　　　　表 2-2

编号	名　称	与轨道交通工程的相对关系	结构形式	基础形式
001	新城市花园住宅楼	距区间隧道 17.1m	框剪结构	桩基础
002	天津市农商银行卫津南路分理处	距区间隧道 1.38m	砖混结构/框架结构	不明
003	环湖南里 16 号住宅楼	距区间隧道 14.01m	砖混结构	条形基础
004	育贤里 3 号住宅楼	距区间隧道 5.3m	砖混结构	条形基础
005	育贤里 2 号住宅楼	距区间隧道 6.19m	砖混结构	条形基础
006	育贤里 1 号住宅楼	距区间隧道 11.20m	砖混结构	条形基础
007	宾水北里 19 号楼	距区间隧道 6.4m	砖混结构	条形基础
008	宾水北里 18 号楼	距区间隧道 14.23m	砖混结构	条形基础
009	宾水北里 17 号楼	距区间隧道 8.6m	砖混结构	条形基础
010	宾水西里 6 号楼	距区间隧道 5.7m	砖混结构	条形基础
011	宾水西里 5 号楼	距区间隧道 0.6m	砖混结构	条形基础
012	宾水西里 4 号楼	距区间隧道 1.75m	砖混结构	条形基础
013	宾水西里 3 号楼	距区间隧道 3.32m	砖混结构	条形基础
014	宾水西里 2 号楼	距区间隧道 3.2m	砖混结构	条形基础
015	宾水西里 1 号楼	距区间隧道 4.86m	砖混结构	条形基础
016	宾水东里 22 号楼	距区间隧道 5.5m	砖混结构	条形基础
017	宾水东里 21 号楼	距区间隧道 9.1m	砖混结构	条形基础
018	安达公寓	距区间隧道 1.23m	框架结构	桩基础
019	宾水南里 4 号楼	距区间隧道 3.87m	砖混结构	条形基础
020	宾水南里 3 号楼	距区间隧道 2.5m	砖混结构	条形基础
021	宾水南里 2 号楼	距区间隧道水平距离 5.6m	砖混结构	条形基础
022	宾水南里 1 号楼	距区间隧道 8.33m	砖混结构	条形基础

续上表

编号	名称	与轨道交通工程的相对关系	结构形式	基础形式
023	天津帝城大酒店	距区间隧道水平距离28.9m	砖混结构	条形基础
024	紫金花园A、B座	距区间隧道22.35m	框架结构	桩基础
025	中国农业发展银行天津市分行	距区间隧道16.6m	框剪结构	桩基础
026	华夏银行	距区间隧道16.1m	框剪结构	桩基础
027	国家开发银行	距区间隧道50.5m	框剪结构	桩基础
028	上海浦东发展银行天津分行	距区间隧道17.4m	框剪结构	桩基础
029	宾水桥	区间下穿	钢筋混凝土结构	桩基础

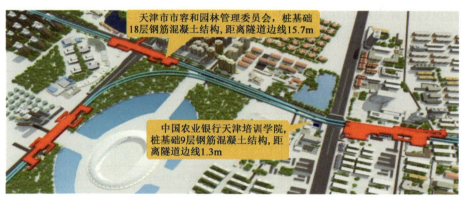

图2-3 环体区间、环水区间周边建筑物位置示意

图 2-4

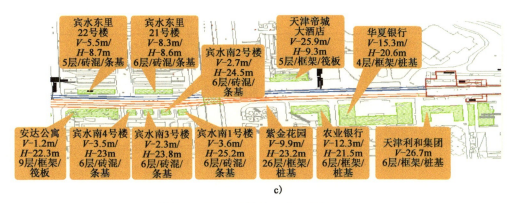

图 2-4 环宾区间范围周边建筑物位置示意

V-水平距离；H-处置距离

2.1.4 工程地质与水文地质

本标段线路沿线为道路和建筑物,地势较为平坦,地面高程为 2.3~3.0m。场区地层自上而下分层及岩性见表 2-3,地层的物理力学参数见表 2-4。

地层分层及岩性 表 2-3

地层名称	地层编号	岩土名称	地层描述	层底高程（m）
全新统—人工堆积层	①$_1$	杂填土	杂色,松散,稍湿,含砖块、水泥块、石子	-1.3~1.94
	①$_2$	素填土	褐黄色至黄褐色,稍湿,松散,含砖渣、炉灰渣、白灰	
全新统新近组—坑底淤积层	②	淤泥质土	灰黑色,流塑,主要为淤泥,含有机质、腐殖物	-4.06~0.47
全新统上组—河床至河漫滩相沉积层	④$_1$	粉质黏土	灰黄色~褐黄色,软塑~可塑,以粉质黏土为主,含氧化铁、有机质	-4.06~-1.12
	④$_2$	粉土	灰黄色~褐黄色,很湿,密实,以粉质黏土为主,含氧化铁、有机质	
全新统中组—浅海相沉积层	⑥$_1$	粉质黏土	灰色,软塑,局部流塑,有层理,含云母、氧化铁、贝壳	-11.4~-10.65
	⑥$_{1T}$	粉土	褐黄色,稍密,很湿,含云母、氧化铁	
	⑥$_3$	粉土	灰色,稍密~中密,湿至很湿,含云母、氧化铁、贝壳	
	⑥$_4$	粉质黏土	灰色,流塑~软塑,含云母、氧化铁、贝壳	
全新统下组—沼泽相沉积层	⑦	粉质黏土	灰色,软塑,局部可塑,含云母、氧化铁、贝壳	-12.5~-12.05
全新下组—河床至河漫滩相沉积层	⑧$_1$	粉质黏土	褐黄色,软塑~可塑,含云母、氧化铁、贝壳	-18.1~-17.27
	⑧$_{1T}$	粉土	褐黄色,密实,饱和,含云母、氧化铁	
	⑧$_2$	粉土	褐黄色,中密~密实,很湿,含云母、氧化铁、贝壳	

续上表

地层名称	地层编号	岩土名称	地层描述	层底高程(m)
上更新统五组—河床至河漫滩相沉积层	⑨$_1$	粉质黏土	黄褐色~褐黄色,可塑,局部软塑,含云母、氧化铁、贝壳	−28.2~−24.10
	⑨$_{1T}$	粉土	褐黄色,密实,饱和,含云母、氧化铁	
	⑨$_2$	粉土	黄褐色~褐黄色,很湿,中密至密实,含云母、氧化铁、贝壳	
上更新统四组—滨海至潮汐相沉积层	⑩$_1$	粉质黏土	灰黄色~黄褐色,可塑,含云母、氧化铁、贝壳	−31.1~−29.19
	⑩$_2$	粉土粉砂	灰黄色~黄褐色,很湿,中密至密实,饱和,低压缩性,含云母、氧化铁、贝壳	
上更新统三组—河床至河漫滩相沉积层	⑪$_1$	粉质黏土	黄褐色,可塑,局部软塑,含云母、氧化铁、贝壳	−47.6~−39.27
	⑪$_{1T}$	粉土	黄褐色,很湿,中密~密实,含云母、氧化铁、贝壳	
	⑪$_2$	粉土	褐黄色,很湿,中密~密实,含云母、氧化铁、贝壳	
	⑪$_3$	粉质黏土	黄褐色,可塑,局部软塑,含云母、氧化铁、贝壳	
	⑪$_{3T}$	粉土	褐黄色,很湿,中密~密实,含云母、氧化铁、贝壳	
	⑪$_4$	粉砂	褐黄色,密实,饱和,含云母、氧化铁	
上更新统二组—浅海至滨海相沉积⑫层	⑫$_1$	黏性土	灰色至灰褐色,可塑,含云母、氧化铁	部分钻孔未穿透此层
	⑫$_2$	粉土粉砂	灰色,中密,很湿,含云母、氧化铁、贝壳	
上更新统一组—河床至河漫滩相沉积⑬层	⑬$_1$	粉质黏土	灰黄色,可塑,含云母、氧化铁	
中更新统上组—滨海三角洲相沉积⑭层	⑭$_2$	粉细砂	灰色,中密,很湿,含云母、氧化铁	

土层物理力学参数 表2-4

土层名称	地层编号	厚度H(m)	密度ρ(kg/m³)	黏聚力c(kPa)	内摩擦角φ(°)	压缩模量E_S(MPa)
杂填土	①$_1$	2.2	1800	4.0	7.0	4.0
粉质黏土	④$_1$	3.5	1970	8.0	9.0	7.6
粉质黏土	⑥$_1$	5.8	1900	11.0	15.0	7.1
粉质黏土	⑥$_4$	3.1	1950	15.0	14.0	7.3
粉质黏土	⑦	1.6	1990	15.0	13.0	6.7
粉质黏土	⑧$_1$	5.8	1990	12.0	12.0	11.1
粉质黏土	⑨$_1$	9.0	2010	16.0	28.0	24.6
粉质黏土	⑩$_1$	2.0	2020	19.0	17.0	8.3
粉质黏土	⑪$_1$	3.0	2000	16.0	33.0	28.6

6号线环水区间隧道主要穿越⑥$_1$粉质黏土、⑥$_3$粉土、⑥$_4$粉质黏土、⑦粉质黏土、⑧$_1$粉质黏土、⑨$_1$粉质黏土层,局部穿越⑥$_{1T}$粉土层,如图2-5所示。隧道穿越地层时,地下水属潜水,主要分布于④、⑥地层中,由大气降水和地表水补给,静止水位埋深为0.9～2.75m,水位年变幅为0.5～1m。承压含水层分布于⑨$_2$粉土中,水量较丰富,隔水层为上部的粉质黏土层,距离隧道最薄隔水层为2.24m。

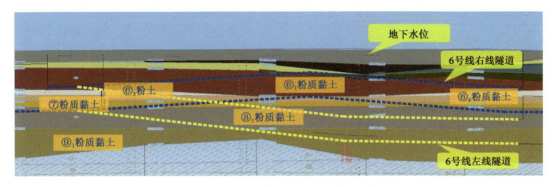

图2-5　6号线水环区间工程地质剖面图

6号线环宾区间隧道主要穿越⑥$_1$粉质黏土、⑥$_3$粉土、⑥$_4$粉质黏土、⑦粉质黏土、⑧$_1$粉质黏土、⑨粉质黏土,如图2-6所示。隧道穿地层地下水属潜水,主要分布于④、⑥地层中,由大气降水和地表水补给,静止水位埋深为0.9～4.8m,水位年变幅为0.5～1m。承压含水层分布于⑨$_2$粉土中,水量较丰富,隔水层为上部的粉质黏土层,距离隧道最薄隔水层为7.2m。

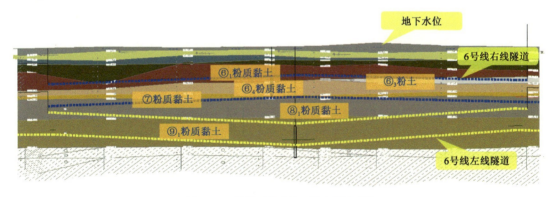

图2-6　6号线环宾区间工程地质剖面图

5号线宾环区间隧道主要穿越⑥$_4$粉质黏土、⑦粉质黏土、⑧$_1$粉质黏土层、⑨$_1$粉质黏土层,局部穿越⑥$_1$粉质黏土、⑥$_3$粉土层,如图2-7所示。隧道在穿越地层的过程中,所遇的地下水属潜水,主要分布于④、⑥地层中,由大气降水和地表水补给,静止水位埋深为0.9～4.8m,水位年变幅为0.5～1m。承压含水层分布于⑨$_2$粉土中,水量较丰富,隔水层为上部的粉质黏土层,距离隧道最薄隔水层为7.2m。

5号线环体区间隧道主要穿越⑥$_1$粉质黏土、⑥$_3$粉土、⑥$_4$粉质黏土、⑦粉质黏土、⑧$_1$粉质黏土层、⑨$_1$粉质黏土层,如图2-8所示。隧道在穿越地层的过程中,所遇的地下水属潜水,主要分布于④、⑥地层中,由大气降水和地表水补给,静止水位埋深为1.3~2.8m,水位年变幅为0.5~1m。承压含水层分布于⑨$_2$粉土中,水量较丰富,隔水层为上部的粉质黏土层,5号线左线隧道局部穿越承压水层,最大深度为2.57m。

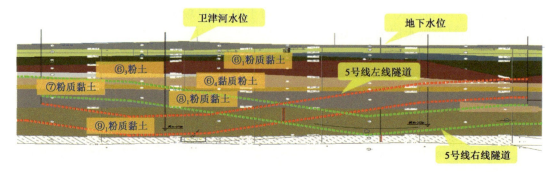

图2-7　5号线宾环区间工程地质剖面图

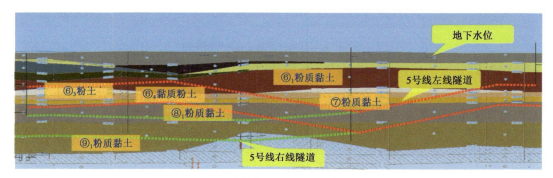

图2-8　5号线环体区间工程地质剖面图

本区域的地下水类型主要为松散岩类孔隙水,施工范围内主要为潜水及承压水。潜水水位埋深为1.1~2.8m,水位高程为0.28~2.09m,水位变幅在0.5~2m;第一层承压水水头大沽高程约为0.0m,第二层承压水水头大沽高程约为-0.5m。潜水主要分布于①$_1$杂填土层、①$_2$素填土层、②淤泥质土层、④粉质黏土层、⑥$_3$粉土层,接受大气降水和地表水渗透补给,水位受季节影响较大。第一层承压水主要分布于⑧$_2$粉土层、⑧$_{21}$粉砂层、⑨$_{1T}$粉土层、⑨$_2$粉土层、⑨$_{21}$粉砂层,接受上层潜水的渗透补给,与上层潜水水力联系紧密,水位受季节影响较小。第二层承压水主要分布于⑪$_{1T}$粉土层、⑪$_2$粉土层、⑪$_{21}$粉砂层、⑪$_4$粉砂层。

区间隧道穿越的地层以粉质黏土及粉土为主,粉质黏土塑性流动性强,粉土渗透性大,下层承压水与上层潜水联系紧密,盾构始发、接收可能引起涌水、涌砂现象,进而导致坍塌事故的发生,具有施工安全隐患;盾构掘进过程中遇到粉土、粉砂现象时易发生螺旋机喷涌及盾尾漏水漏砂现象。

2.1.5　气候情况

天津属于北温带湿润大陆性季风气候,气候特点是四季分明,春季干旱少雨,夏季炎热,雨量集中,秋季晴朗气爽风和日丽,冬季寒冷干旱少雪。年平均气温12.1℃,全年最冷为1月份,1月份平均气温-3.9~-5.7℃,最低气温约-18℃;最热为7月份,7月份平均气温为25.6~26.4℃,最热约39℃。年平均降雨量为500~700mm,四季降雨分布很不均匀,夏季降雨量最多,集中在7月—8月,平均降雨量390mm,占全年的65%。常年风向大多为西南风,全年各月平均风速3.3m/s,最大风速33m/s。地区最大冻土深度为0.7m。且每月6月中旬—8月中旬为雨季施工,11月中旬至第二年3月中旬为冬季施工。

2.1.6 地下管线的布置

环湖西路站地下管线沿宾水道布置有18条,沿宾水道南侧的环湖西路布置有14条,沿宾水道北侧的环湖西路布置有9条,施工期间需对其进行迁改及保护,管线情况见表2-5。

环湖西路站范围地下管线一览表　　　　表2-5

序号	管线名称	规格参数(mm)	材质	埋深(m)	切改/保护	备注
1	电信	12孔、350×300	光纤、管块	2.95	切改	沿宾水道布置
2	天然气	ND200	钢	0.57	切改	
3	电信	5孔、200×200	光纤、管块	0.56	切改	
4	输配水	DN400	铸铁	0.74	切改	
5	路灯	380V	铜	0.38	切改	
6	电信	12孔、400×300	铜/光纤	0.93	切改	
7	输配水	DN1200	铸铁	0.77	切改	
8	雨水	DN1000	混凝土	2.71	切改	
9	污水	DN300	混凝土	3.11	切改	
10	电信	17孔、500×400	光纤、管块	0.70	切改	
11	电信	12孔、400×300	铜/光纤	0.86	切改	
12	路灯	380V	铜	0.34	保护	
13	热水	DN200	钢	0.38	保护	
14	热水	DN200	钢	0.38	保护	
15	输配水	DN150	铸铁	0.92	保护	
16	电信	4孔	铜	0.47	保护	
17	供电	10kV	铜	0.62	保护	
18	污水	DN300	混凝土	1.22	保护	
19	电信	—	光纤	0.23	保护	沿车站南侧环湖西路布置
20	电信	2孔、200×100	光纤、管块	0.23	保护	
21	供电	10kV	铜	0.63	保护	
22	电信	2孔、200×100	光纤、管块	0.41	保护	
23	路灯	380V	铜	0.60	保护	

续上表

序号	管线名称	规格参数(mm)	材质	埋深(m)	切改/保护	备注
24	雨水	DN400	混凝土	1.48	切改	沿车站南侧环湖西路布置
25	污水	DN300	混凝土	2.08	切改	
26	输配水管	DN100	混凝土	0.93	切改	
27	输配水管	DN200	混凝土	0.93	切改	
28	输配水管	DN200	混凝土	0.93	切改	
29	输配水管	DN100	PVC	1.14	切改	
30	天然气	DN150	钢	0.72	切改	
31	热水	DN50	钢	0.41	保护	
32	热水	DN50	钢	0.41	保护	
33	污水	DN200	混凝土	1.44	切改	沿车站北侧环湖西路布置
34	电信	2孔、200×100	铜	0.36	切改	
35	热水	DN50	钢	0.64	切改	
36	热水	DN50	钢	0.64	切改	
37	雨水	DN800	混凝土	2.95	切改	
38	污水	DN300	混凝土	3.04	切改	
39	路灯	380V	铜	0.73	切改	
40	天然气	DN150	钢	0.81	切改	
41	输配水	DN200	铸铁	1.53	切改	

2.2 工程特点、重难点及风险分析

2.2.1 工程特点

该工程地处繁华区域,环湖西路站近邻特殊专业型医院,周边人群、环境较为复杂。5号线、6号线环宾区间沿线穿越大量浅基础老旧建筑物群、卫津河等建构筑物。该工程的工程地质情况和水文地质情况较为复杂,地层深处富含地下潜水以及承压水(潜水水位埋深为1.1~2.8m,水位高程为0.28~2.09m,水位变幅为0.5~2m;第一层承压水水头大沽高程约为0.0m,第二层承压水水头大沽高程约为-0.5m)。此外该工程区间线路上下重叠、立体交叉,线形布局复杂;部分覆土浅,施工难度大;4台盾构机同一端头始发,且始发、接收端头处于超深、富水地层,施工风险大;项目工期紧,施工制约因素多,跨度大,协调工作量大。

2.2.2 复杂盾构隧道群风险分析

1）交叉、重叠麻花型盾构隧道群同一端头井多次始发、接收

根据施工场地及相邻车站进度安排，环湖西路站的区间隧道工程共需始发、接收8次，其中东端头始发3次、接收1次，西端头始发4次，宾馆西路站接收端需始发一次、接收3次。同一端头井多次始发、接收会对周边环境产生叠加影响。先行隧道始发或接收后不可避免地会对周边地层产生一定影响，破坏后行隧道的加固体，增大后行隧道始发、接收可能引起涌水涌砂现象的风险。

采取的对策如下：

（1）高度重视始发、接收端头加固质量，根据每个端头地质情况、周边环境确定最合理的加固方式，并在车站范围施工试桩（图2-9），以确认相同地层的加固效果。

（2）加固过程中严格控制加固质量，委派专人24h进行旁站。加固完成后采取水平、垂直取芯等多种方式对加固效果进行验证，如不满足要求则需及时补充加固。

（3）为减少始发、接收引起涌水涌砂现象的风险，负二层始发均采用外延钢箱、负二层接收均采用二次接收，负三层始发、接收均采用钢护筒。

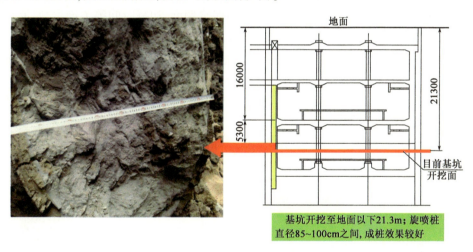

图 2-9　旋喷桩效果验证示意图（尺寸单位：mm）

2）交叉、重叠麻花型盾构隧道群周边环境沉降控制

5号线环体区间隧道距离银行培训中心仅1.3m，环宾区间两侧有大量民房，距离隧道大多在施工影响范围内，距离最近的仅有0.6m，且建筑物多为浅基础，环宾区间4条隧道多次扰动，沉降控制困难，特别是环湖西路站西端头周边近邻肿瘤医院CT室，水平距离仅有8.1m，CT室内有精密仪器，医院方要求做到零沉降。东端头紧邻育贤里居民楼，水平距离仅有8.1m，该建筑物为6层砖混条形基础居民楼，需经历车站开挖、4条隧道施工共5次扰动，建筑物变形超限的概率极大（图2-10）。

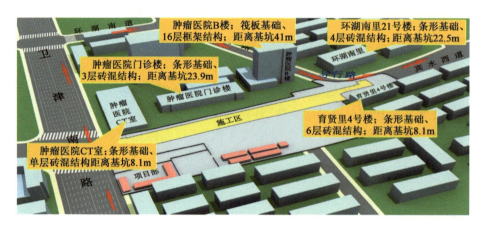

图 2-10　环湖西路站周边环境示意图

采取的对策如下：

（1）针对施工风险较大，沉降要求较高的肿瘤医院 CT 室、育贤里 4 号楼等建筑需提前进行袖阀管预加固，如图 2-11 所示。后期根据监测数据及时进行跟踪注浆。

（2）施工过程中严格控制土仓压力，实际土压力值设定要综合考虑理论土压力值和监测数据情况，标准是刀盘前方略有隆起（0～5mm）。

（3）加强同步注浆浆液质量管理，严格控制泥浆稠度、初凝时间等关键参数，必要时在注浆前向浆液内加入速凝剂以减少浆液凝结时间。

（4）穿越建筑物过程中，加大监测频率，并根据监测数据及时对沉降较大位置进行二次注浆，控制工后沉降。

（5）针对建筑物较多的环宾区间利用盾构机中体径向注浆孔注入克泥效，控制盾构机正上方的沉降。

（6）穿越建筑物过程中严格控制出土量，实际出土量控制在理论出土量的 98%～100% 之间。

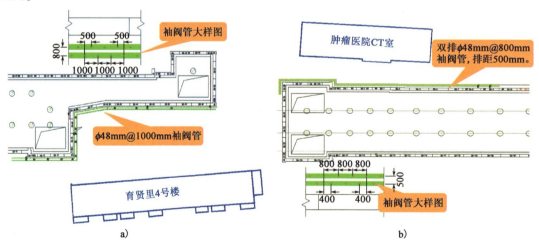

图 2-11　袖阀管加固示意图（尺寸单位：mm）

3）重叠、交叉麻花型盾构隧道群隧道自身变形和相互影响

重叠、交叉段隧道最小净间距仅1.9m，最浅埋深仅7.82m。盾构掘进施工过程中难免会对周围土体产生扰动，并且由于隧道之间距离较小，先施隧道施工完成后，其余隧道位置的水文、地质情况可能会产生一定的变化，为后施工隧道的掘进带来一定困难，同时后施工隧道在施工时难免会引起已完成隧道结构、既有建（构）筑物和地表的沉降与变形。

采取的对策如下：

（1）与高校展开合作，对隧道建模，详细分析各种工况下隧道受力情况、地面理论变形情况、隧道自身理论变形情况，为施工方案确定奠定基础。

（2）根据建模的分析结果，综合考虑受力、变形情况和施工风险确定合理的施工顺序。

（3）为减少隧道之间的相互影响和施工后的沉降，重叠段隧道需对周边土体进行注浆加固。

（4）为减少后施隧道对先施隧道的扰动，交叉重叠段后施隧道施工时在先施隧道内加设支撑，加强先施隧道整体刚度，减少变形。

（5）采取多种监测手段对隧道受力情况、变形情况进行监控量测，结合前期理论变形量值，动态调整各项施工参数。

2.3 施工部署

2.3.1 施工步序优化分析

以6号线环宾区间为例采用大型有限元软件ANSYS、岩土分析有限差分法软件FLAC³ᴰ相结合进行计算的方式分别对"先上后下"和"先下后上"进行模拟分析，计算结果见表2-6，沉降云图如图2-12所示。根据理论分析，虽然"先上后下"总体沉降变形小，但是考虑到在施工过程中下部隧道一旦出现险情不可避免地将会对上部已成型隧道造成巨大影响的情况，所以重叠隧道施工顺序确定为"先下后上"。

沉降分析对比表　　　　　　　　　　　　　　　　表2-6

施工顺序	第一条隧道施工地表沉降（mm）	第二条隧道施工地表沉降（mm）	沉降槽宽度/剧烈影响区（m）
先上后下	25	32	45/20
先下后上	19	37	50/22

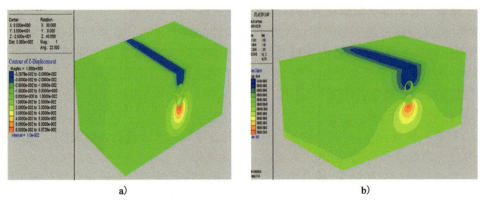

图 2-12 "先下后上"沉降云图

该区间施工步序为：5 号线、6 号线环宾区间总体的施工顺序为"先下后上"，首先施工 6 号线左线（1 号隧道），其次 5 号线宾环区间左右线对向同时施工。为保证左右线同时达到中间交叉点，其中 5 号线右线需提前始发。最后施工 6 号线右线隧道（4 号隧道），为保证 2 号、3 号盾构机同时到达平行交叉点，3 号隧道盾构机提前 2 号隧道盾构机始发 15~20d。

2.3.2 始发、接收施工组织

1）同一端头井始发

同一端头井始发，遵循"先下后上"的原则，下部盾构机需要滞后上部盾构机始发至少 80d，如图 2-13 所示。

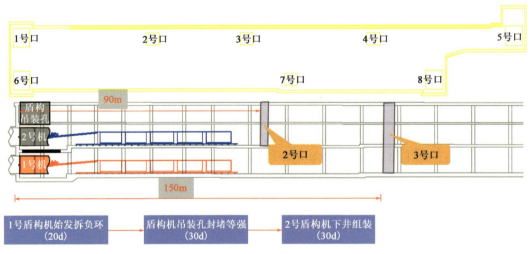

图 2-13 同一端头井盾构机始发示意图

2）同一端头井接收

同一端头井接收，也需遵循"先下后上"的原则，下部盾构机需要滞后上部盾构机接收至少 65d，如图 2-14 所示。

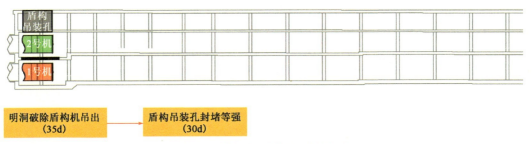

图 2-14 同一端头盾构机接收示意图

2.3.3 总体思路

重叠隧道推进需遵循"先下后上"的原则。根据工序需要,同一盾构井的重叠隧道,始发时间需错开 80d;接收时间需错开 65d 以上。另外 5 号线宾环区间为交叉重叠隧道,为遵循"先下后上"的原则,左右线相向同时施工,在中部交错。

2.3.4 总体施工顺序

盾构区间总共投入 4 台土压平衡盾构机,根据盾构井提供的先后顺序及重叠段"先下后上"的原则组织施工。区间隧道盾构掘进顺序如图 2-15 所示。区间隧道附属联络通道及泵房等在不影响区间隧道施工情况下适时开放,采用冷冻法加固,矿山法开挖,组合钢模板 + 型钢拱架泵送混凝土入模整体衬砌。

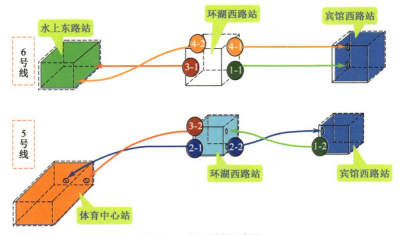

图 2-15 施工顺序示意图

2.3.5 施工工期

天津地铁 5 号线、6 号线文化中心 1 标工程盾构施工工期要求为 2016 年 1 月 1 日—

2017年5月30日,总工期为17个月。根据业主节点工期要求,项目进行细化分解,制订了如下施工计划:水环盾构区间工程左线盾构计划始发日期为2016年4月20日,右线盾构计划接收日期为2017年3月17日;环体盾构区间工程右线盾构计划始发日期为2016年3月7日,左线盾构接收计划日期为2017年4月18日;环宾盾构区间工程左线盾构计划始发日期为2016年1月4日,右线盾构计划接收日期为2016年11月14日;宾环盾构区间工程左线盾构计划始发日期为2016年10月15日,右线盾构接收计划日期为2017年5月23日,如图2-16所示。

图2-16　工期计划示意图

2.3.6　主要资源的配置

(1)劳动力资源

劳动力根据工程阶段、进度的需要动态投入,施工阶段劳动力计划见表2-7。

人员配备表　　　　表2-7

序　号	部门、工种	人数(人)
一	管理层	51
1	项目经理、总工等	6
2	工程部	24
3	合同部	3
4	安全环保部	3
5	设备部	2
6	物资部	4
7	财务部	3
8	办公室	2
9	施工员	4
二	作业层	360
1	门式起重机司机等	6
2	盾构司机	16

续上表

序号	部门、工种	人数(人)
3	电瓶车司机	32
4	拼装工	10
5	维修保养工	28
6	电工	28
7	普工	240
总计		411

(2)材料资源

本项目根据施工组织设计和生产计划制定每季度的材料采购计划,所有材料经监理工程师批准后方可进场。主要材料供应计划见表2-8。

主要材料供应计划　　表2-8

时间	防水板(m²)	止水带(m)	管片(环)	水泥(t)	螺栓(套)
2015年4季度	2487		855	615.6	23940
2016年1季度	6434		1410	1015.2	39480
2016年2季度	1933		1225	882	34300
2016年3季度			1210	871.2	33880
2016年4季度			980	705.6	27440
2017年1季度	7515				
2017年2季度	8752				
2017年3季度	7190	1208			
合计	34311	1208	5680	4089.6	125160

2.3.7　场地布置

场地布置本着"规划整齐、结构统一、布局合理、功能配套、环境优美"的原则进行。施工场地不超出招标文件规定的施工用地范围,以满足施工生产和现场管理要求为主,尽量减少对已有道路交通的干扰。生活、办公区与施工生产区分开布置,做到驻地建设、工地临建设施及标识标牌标准化,达到人与物、施工与环境的和谐统一,如图2-17所示。

2.3.8　盾构机选型

1)盾构机选型的原则与方法

(1)盾构机选型应按照适用性、可靠性、先进性、经济性相统一的原则进行,需以稳定的开挖面为核心,并应在具有充足的地质条件的基础上进行。

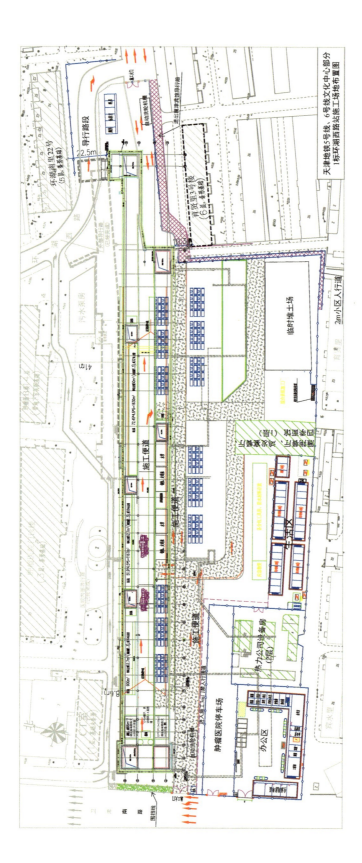

图2-17 施工场地布置示意图

(2)盾构机选型需考虑区间隧道的工程地质、渣土的塑性流动性、渣土的渗透系数等因素对开挖面稳定的影响。若塑性流动性好，渣土排出顺畅，且地层透水性强，则易造成喷涌。

(3)盾构机选型需考虑区间隧道的水文地质，地下水的类型、含量及水压，这些因素往往要与土的塑性流动性及透水性结合考虑，高水压、高渗透性的情况是非常不利的。一般认为，10^{-4}m/s 的渗透系数是土压平衡盾构机作业的经验上限值。盾构机的选型与地层的渗透性紧密相关。

(4)隧道的线形和转弯半径也是应考虑的因素，盾构机本体的长度与直径比以及盾尾间隙直接影响盾构的转弯及纠偏能力。一般，长度与直径之比(L/D)应≤1.0。当转弯半径过小时可考虑采用铰接式盾构机。

2) 盾构机选型的主要依据

本工程盾构机选型主要依据天津市地铁 5 号线、6 号线工程文化中心部分第 1 合同段招标文件和区间隧道设计图纸，参考国内外已有盾构工程实例及相关的盾构技术规范，结合多年来我方单位工程实际施工中积累的经验。

3) 盾构机的选型

本区间隧道主要穿越的地层以粉质黏土⑥$_1$、⑥$_4$、⑦、⑧$_1$、⑨$_1$ 层为主，为弱透水层，渗透系数 $k<10^{-4}$m/s，部分穿越粉土⑥$_{1T}$、⑥$_3$，没有明显的强透水砂层，塑性流动性较强，开挖面易坍塌，隧道掘进范围内地基土主要为饱和软黏土。饱和软黏土的含水率高，孔隙比大，强度低，并呈流塑状态，隧道掘进时应及时衬砌并采取相应止水法以防隧道掘进面产生应力释放，产生沉降。另外，软黏土塑性指数较高，黏粒含量多，若采用盾构法施工隧道，掘进时易附着盾构设备造成推进困难，或使管路堵塞。软黏土存在高灵敏度的特性，故有较明显的触变、流变特性，在动力作用下，极易造成土体结构破坏，使强度降低且土体排水固结需要很长时间，如施工不当，极易造成施工后沉降大和不均匀沉降。区间隧道线路设计最小转弯半径为 300m，转弯半径较小。

根据盾构机的选型原则和方法，宜选用带铰接土压平衡盾构机，最小转弯半径为 150m，在华东地区特别是天津，土压平衡盾构机有很好的地质适应性。由于天津地区地层多为软土，土压平衡盾构机也完全能满足本标段区间隧道的地质条件，故选用 4 台带铰接的土压平衡盾构机——两台海瑞克及两台小松，外径为 6400mm，专门进行设计使之适用于天津地区特殊地质条件。现将实际工程特点与拟定盾构机参数进行对比，对比结果见表 2-9。

盾构机参数对比表 表 2-9

项　目	工程特点	海瑞克 6400 型盾构机	小松 6400 型盾构机
最小转弯半径	本区间最小曲线半径 350m	最小曲线半径 200m	最小曲线半径 150m
最大坡度	后续区间最大纵坡 25.5‰	最大纵坡 33‰	最大纵坡 33‰
适应地层	本区间隧道主要穿越⑥$_1$ 粉质黏土、⑥$_3$ 粉土、⑥$_4$ 粉质黏土、⑦ 粉质黏土、⑧$_1$ 粉质黏土、⑨$_1$ 粉质黏土层	淤泥质黏土、黏土、粉质黏土、细砂、粉砂、粉土等	淤泥质黏土、黏土、粉质黏土、细砂、粉砂、粉土等
管片参数	管片外径 6.2m，内径 5.5m，宽度 1.2m、1.5m	管片外径 6.2m，内径 5.5m，宽度 1.2m、1.5m	管片外径 6.2m，内径 5.5m，宽度 1.2m、1.5m

4）盾构机针对性配置与改造

由于本标段区间隧道主要穿越的地层以粉质黏土⑥$_1$、⑥$_4$、⑦、⑧$_1$、⑨$_1$层为主，部分穿越粉土⑥$_{1T}$、⑥$_3$，部分穿越砂层，地层富水、软弱，需采取如加膨润土等添加剂的辅助施工技术措施，盾构渣土的改良至关重要，是保证开挖面稳定最基础和重要的措施。综合考虑本工程的水文地质情况、线路情况、施工要求等，在盾构机选取过程中按照表 2-10 中的要求进行配置和改造。

盾构机参数要求汇总表 表 2-10

序号	内　　容
1	径向注浆功能、自动测量导向系统
2	盾构机为被动铰接的必须自带紧急密封装置；主动铰接应有 1MPa 防水能力；铰接应满足本标段区间最小曲率半径要求
3	盾构机配备有害气体监测报警系统
4	管片拼装能力需满足宽度 1500mm 环的管片要求
5	配备泡沫、膨润土等土体改良添加剂注入系统
6	设备具有可靠、灵敏的土压平衡调节能力，保证开挖面的稳定，与周边的水土压力平衡，控制地表、建筑物及铁路等沉降符合规范要求
7	配备同步注浆系统，使用带外置注浆包的盾构设备，盾构机必须带仿形刀
8	刀盘设计和刀具布置应适应天津地质条件正常掘进要求，螺旋输送机应能保证输送正常出土允许的最大异物，应具有防喷涌功能和对漂石、砾石的处理功能
9	对于有盾构穿越地下障碍物需求的标段，盾构机刀具应具有切削钢筋混凝土的能力
10	盾构机后配套架车上，必须设置注浆设备，此设备要保障盾尾以后车架范围内的所有管片都能随时实现间歇性注浆或二次注浆
11	刀盘正面应有不少于 4 个单向喷嘴，兼可注水、泡沫、膨润土等土体改良液剂
12	刀盘驱动轴承应有可靠的防水性能，土砂密封装置应具有温度报警及显示功能
13	铰接液压缸分 4 区控制，液压缸行程不小于 150mm，每个行程分区应有行程显示，且显示准确，可逆
14	管片拼装机拼装动作应有 6 个自由度，即平移、回转、升降、偏移、仰俯、横摇
15	螺旋输送机应装有伸缩机构和正反装运转。前闸门（土仓内）需要时应能及时关闭；后闸门（排土闸门）应具有紧急关闭功能，同时具备保压功能
16	螺旋输送机可在前端和中部安装不少于 6 个的添加剂注入口
17	皮带输送机应具有"纠偏装置"，满足本标段区间最小曲率半径施工要求
18	皮带输送机应具备"紧急停止"功能，并装备拉绳式"急停开关"
19	同步注浆系统应能满足结硬性缓凝厚浆材料正常使用。注浆设备应根据推进速度的快慢自动调节注浆流量
20	同步注浆系统应配置 4 个分支管路和 4 个备用管路。每个分支管路出口均应配备压力和流量显示及数据采集装置，注浆量可累计计算，并可在系统中记录
21	同步注浆系统每个分支管路可独立控制，应实现各柱塞泵调速注浆，满足本工程各工况的注浆需要

续上表

序号	内容
22	同步注浆系统注浆泵额定工作压力应大于5.5MPa,注浆能力应大于10m³/h
23	盾尾密封油泵应具有满足使用要求的输出流量和输出压力,各密封腔内应具有至少6个注脂口,能满足均匀注脂,各分支管路上应装有电控阀门,能实现时间模式下和压力模式下注脂的要求,并有注脂压力、注脂点显示、堵塞报警功能
24	加泥系统输出流量应大于20m³/h,注入额定工作压力大于2.5MPa
25	泡沫系统最大注入流量应大于2000mL/min,可与加泥系统管路切换。每个泡沫分支管路可独立控制流量、压力及发泡率,并记录和显示累计量、流量信息
26	为确保泡沫压力及其稳定性,应配置螺杆空压机及高压空气储气罐,空压机技术指标不低于4m³/min(0.6~0.8MPa)。储气罐容积不小于0.6m³

(1)渣土改良的针对性设计及配置

为了能更好地改善粉质黏土、砂层的流塑性和止水性,可通过泡沫系统向开挖面注入膨润土。但是,需要根据不同的地质情况和使用效果来选择添加不同的材料,以达到更好的地层适应性。盾构机配置的泡沫和膨润土系统如图2-18所示。

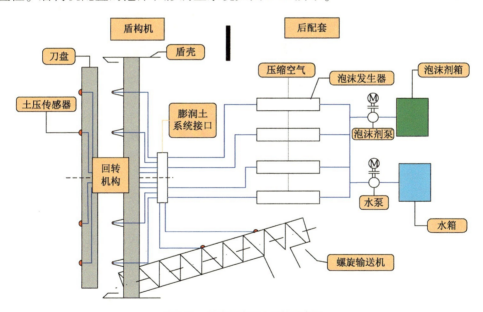

图2-18　泡沫及膨润土系统示意图

(2)切削刀盘的针对性设计及配置

考虑到本标段地层主要为粉质黏土及粉土和砂层,刀盘结构设计应满足以下要求:

①具有足够的刚度和强度,用于支撑开挖面和承受掘进中的推力及扭矩。

②尽可能保证盘面上足够多的刀具数量及合理的搭配配置,满足在不同地质下的良好切削性能,并且保证刀具有足够的寿命。

③37%的刀盘开口率以保证渣土进入土仓的顺畅性。

④刀盘上合理配置添加剂注入口,保证添加剂能均匀地注入开挖面。

根据以上原则和要求,对刀盘进行了如下设计:

①刀盘钢结构主要由几个刀梁和外圈梁组成,刀梁之间开口前小后大,渣土流进性较好,前面板和外圈梁含有耐磨层,保护刀盘本体。

②刀盘背面设计有4个主动搅拌棒,与前盾上的被动搅拌棒一起对土仓内渣土进行搅拌。

③刀盘设有8个泡沫喷口,为单向阀结构,背部配有疏通管路。

④在各辐条及面板上设置了切削刀具,可以顺时针或逆时针回转对开挖面进行掘削,对本工程中的粉土、黏土等土质都能很好地适应。刀盘配置如图2-19所示。

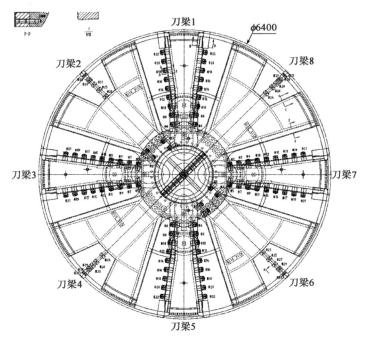

图2-19 刀盘配置示意图(尺寸单位:mm)

刀盘上刀具类型及配置见表2-11。对于切刀而言,刀具结构包括刀体、硬质合金和耐磨层。为了保证用楔形块可以容易拆卸,刀具在侧面配有两个槽口。对于刮刀而言,刮刀用可替换螺栓和钢结构固定在一起,具有互换性。刀具如图2-20所示。

刀盘配置汇总表　　　　　　　　　　　　　　　　表2-11

刀具名称	数量(把)	刀具名称	数量(把)
中心刀	1	先行刀2	2
刮刀	12	保径刀	6
切刀	62	仿形刀	1
先行刀1	39	外圈梁保护刀	12

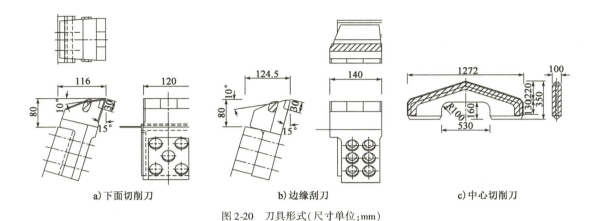

a) 下面切削刀　　　　　　b) 边缘刮刀　　　　　　c) 中心切削刀

图 2-20　刀具形式(尺寸单位:mm)

(3) 刀盘主驱动设计及配置

① 刀盘驱动方式

主驱动机构包括主轴承、8 个液压马达、8 个减速器和安装在后配套拖车上的主驱动液压泵站。刀盘通过螺栓和主轴承的内齿圈连接在一起,主驱动系统通过液压马达驱动主轴承的内齿圈来带动刀盘旋转,如图 2-21 所示。

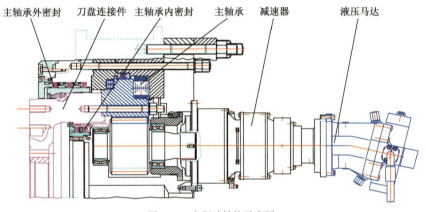

图 2-21　主驱动结构示意图

为了防止砂土、水进入驱动装置内,在旋转部与固定部中间设置有三道密封装置:一道机械式迷宫密封、一道唇型密封(一排四唇型)、一道 MY 型密封(三排 MY 型密封圈)。密封要求见表 2-12,密封圈形式如图 2-22 所示。对应本工程,密封应具有足够长的寿命。由于密封圈采用丁腈橡胶和聚氨酯橡胶,为了防止在高温下(70℃以上)发生物理变形,在内外密封处各设置了 1 个温度传感器,当温度超过规定值时就报警、甚至停机。

密 封 要 求　　　　　　　　　　　　表 2-12

形式		MY 型	唇型(4 唇口)
材质		丁腈橡胶	聚氨酯橡胶
数量	内周(刀盘与胸板)	三排	一排
	外周(刀盘与壳体)	三排	一排
耐压力		1MPa	

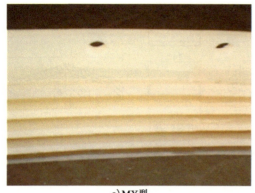 

a) MY型　　　　　　　　　　b) 唇型

图 2-22　MY 型密封圈与唇型密封圈

密封部位的磨损主要是密封配合面钢板上的磨损。根据生产厂家的试验结果,对于密封圈直径 2000mm、水压 1.08MPa、转速 5r/min 使用条件,MY 型密封在配合面情况下,在行走距离为 500km 时,其磨损量在 0.02mm(包括壳体)以下,温升在 70℃ 以下。根据这些资料及工程实际,对应本工程,密封的寿命足够。

②主驱动润滑及密封装置

三排圆柱滚子轴承采用油浴强制润滑。油池中的润滑油用泵泵出,油液通过滤清器过滤,然后再用过滤后清洁的润滑油润滑轴承和齿轮。主轴承油润滑系统安装在盾体内部,齿轮油室设置在驱动系统内部,系统包括油泵、过滤器、压力表等设备,起到循环润滑主轴承内齿轮和小齿轮啮合的作用,同时能对润滑油进行过滤,保证油液的清洁度,减少设备磨损。

密封部分采用集中、自动间断供脂方式,由泵经过分配阀间断地向刀盘驱动密封(唇型密封及 MY 型密封)之间、螺旋输送机驱动部,密封处、中心回转接头密封部分充填具有一定压力的油脂,可通过定时器调节供给量。并且,当发生异常高压的情况时,在油脂回路中设置了在报警的同时刀盘旋转立即停止的联锁系统。

5）盾构机主要部件功能描述

(1) 刀盘和刀盘主驱动

主驱动机构包括主轴承、8 个液压马达、8 个减速器和安装在后配套拖车上的主驱动液压泵站。刀盘通过螺栓和主轴承的内齿圈连接在一起,主驱动系统通过液压马达驱动主轴承的内齿圈来带动刀盘旋转。

(2) 盾体

盾体是用钢板焊接而成的圆形筒体,在内部焊有筋板、环板等一些加强板,具有足够的耐土压、耐水压的强度和刚度,可抵挡周围土体压力。盾体由前体、中体和盾尾三大部分组成。盾构机前体的前部安装有刀盘,盾构机中体内安装有刀盘驱动装置、推进液压缸、螺旋输送机、管片拼装机、气压人行闸、工作平台、电气系统、液压设备、同步注浆、加泥、气泡及添加剂管路等装置,并可保护在盾构机内工作人员和设备的安全。

①前体

前体又称切口环,其内部装有支撑主驱动和螺旋输送机的钢结构。压力隔板将前体的土仓和人舱分离开来。隔板上面的门可以让人进入土仓进行保养、检查和更换刀具。此外，隔板有几个开口，可以作为渣土改良材料的入口以及作为修理时输电线的接线盒接入口。水、膨润土或泡沫被输送至土仓，通过焊接在隔板上的4个搅拌棒使土仓内的渣土充分搅拌。在保养和修理时，螺旋输送机收回后，通过液压系统关闭前仓门，从而关闭螺旋输送机的进渣口。

在前体的隔板安装有5个性能可靠的土压传感器用以监测土仓内的土压力，传感器的精确度达到0.01MPa，以便在土压平衡模式下及时对土仓内的土压力进行反馈和调节。使操作手在掘进过程中能够根据事先设定好的土压力精准地控制地面的沉降和隆起。前体的隔板除了安装有5个土压传感器外，还在不同高度位置上设置了5个注入口，可用于注入各种添加材料、压缩空气和水。在前体外周上设置了12个固定注入口、胸板上设置了4个固定注入口，可以对前方的土体进行超前钻探和加固。

②中体

在中体内布置了推进液压缸支座和管片安装机支架。管片安装机支架通过相应的法兰面和管片安装机梁连接起来。推进液压缸和连接盾尾的铰接液压缸均布置在中体。在中体的盾壳上焊接了带球阀的、可在需要时实施超前钻孔的预留孔及8个径向预留孔。当需要时可以通过这些预留孔注入膨润土等，用以减小盾壳与土层的摩擦力，或用于临时止水。

③盾尾

盾尾由盾尾密封、壳体、注浆管和油脂管组成。盾尾间隙45mm，最小转弯半径250m，完全能够满足本工程最小转弯半径350m的要求。注浆管为内置式嵌入型，铸造件，共8根注浆管，其中4根为备用；油脂管为内置型，共12根，6根为1组分别通向两个盾尾密封室。尾刷密封由3排焊接在壳体上的密封刷组成，防止注浆材料和水漏进盾体内部，并且在土压平衡时能保持其各自压力。3排密封刷组形成两个环形空间，中间一直充满油脂，由后配套车架上流量可调的油脂泵注入，每个环形空间各由6根油脂管注入。在充分注入高质量的盾尾油脂的条件下，设置的两个油脂密封腔能承受0.5MPa水压力。润滑系统由控制板来控制，主控室可并用自动和手动两种操作方式。

(3) 推进装置

盾构机的推进装置提供盾构向前推进的动力。推进装置包括推进液压泵站和30个推进液压缸，最大推进行程2150mm，能满足1500mm环宽的管片施工。推进液压缸按照在圆周上的区域分为5组，每组6个液压缸。通过调整每组液压缸的不同推进速度来对盾构进行纠偏和调向。液压缸的后端顶在管片上以提供盾构前进的反力。推进系统液压缸的分组如图2-23所示，其中红色位置的液压缸安装有位移传感器，通过液压缸的位移传感器我们可以知道液压缸活塞杆的伸出长度和盾构的掘进状态。

(4) 铰接装置

本盾构机配备有被动铰接装置，由14组行程160mm液压缸组成。液压缸分成4个区每个区装有行

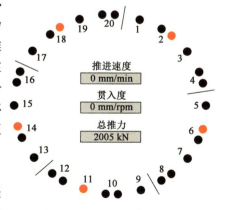

图2-23 推进液压缸分区示意图

程传感器,在主控室能直观看到铰接行程。中盾和尾盾之间设计有两道密封,一道为橡胶密封,一道为紧急气囊密封。铰接部位设有三种注入孔:A 孔用于向铰接密封中加注油脂,防止铰接密封的渗透泄漏,沿圆周分布有 6 个;B 孔用于在使用气囊式密封时,从 B 孔向气囊注入工业压力气体;C 孔用于紧急情况下加注聚氨酯密封,沿圆周分布有 6 个。本盾构机最小转弯半径为 250m,转弯方便,可减少曲线超挖量及对土体的扰动。盾构机铰接处设有机械限位,以保证推进时前后节绝对不会脱开,并保证达到设计转角位移要求。

(5)螺旋输送机

螺旋机设置有可伸缩和正反转运转的液压缸,紧急情况下可将螺旋轴从土仓收回,关闭紧急闸门,防止喷涌,确保安全。排土闸门的液压系统中设有蓄能应急装置,在突然断电、液压泵停止工作或其他紧急情况下,可以启动蓄能装置,通过伸缩液压缸将螺旋机搅拌轴回缩,关闭 3 道闸门,即关闭紧急闸门、前闸门和后闸门。

螺旋输送机排土口处有两道由液压缸控制的出土闸门(前闸门和后闸门),如遇透水性强的砂层时,交替开闭前闸门和后闸门可有效地防止喷涌。液压缸上安装有行程传感器,可根据掘进速度在操作盘上任意控制闸门的开启度,与螺旋机转速调节配合,并可随时调节排土量来实现土塞效应,形成良好的排土止水效果。在土压平衡模式掘进时,可起到调节土仓内土压力的作用。螺旋输送机前后各配置 3 个(共 6 个添加剂)主入孔,可对螺旋输送机内的土体进行改良。

螺旋输送机的作用是出渣和调节土仓内土压力,对小于 350mm 粒径的漂石、砾石可以直接排出,螺旋叶片从土仓下部伸入土仓中取土,并将渣土输送到输送机的尾部,通过出土闸门卸载在皮带输送机上。土压平衡模式掘进时,在一定推进速度下,通过调节出土闸门的开启度和改变螺旋机转速来实现对土仓内土压力的调节。螺旋输送机形状一般有轴式和带式。在本工程中,采用对止水性更为有利的有轴式螺旋输送机,在螺旋输送机尾部出土口设置了两道闸门。螺旋输送机结构如图 2-24 所示。

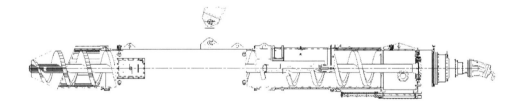

图 2-24　螺旋输送机结构示意图

(6)皮带输送机

皮带输送机用于将螺旋输送机送来的渣土转运到后部拖车的尾部并装载到渣土列车上,为了防止皮带输送机在输送含水率高的渣土时渣土向下滑落,皮带输送机角度尽可能设计的要小(合理)。

皮带输送机采用 1 台 30kW 电机驱动,带宽 800mm,皮带输送速度 150m/min,理论运输量为 450m³/h,可满足渣土输送的要求。皮带输送机上设置有自动调向托架及竖滚轮,能对皮带输送机进行自动纠偏,可实现 250m 小曲线转弯半径。皮带输送机上设置有钢丝绳牵拉式紧急停止装置,起到保护人员安全和维护工具的作用。

(7) 人行闸

人行闸是在地质情况不良而又必须更换或检查刀具的情况下,带压进入土仓进行刀具更换或刀盘维修检查的必备装置。人员出入土仓进行刀具更换或刀盘维修检查的转换通道也是用于出入土仓的工具和材料的通道。其目的是在加压状态下,人员和材料进入土仓时能够保持土仓中的压力,防止地层大量失水或失压而引发的地面沉降和掌子面垮塌。为了防备意外事态发生,在密封隔舱的胸板中央部位安装了气压人行闸装置,通过法兰连接在前体的结构上,人员可以通过人行闸出入土仓。

人行气闸最大额定压力 0.45MPa,一般使用压力 0.15MPa,设计及试验压力 0.68MPa,外形尺寸为 $\phi1400mm \times 2222mm$,装卸式结构,内部用隔墙分开,分成 1 号气室 2 号气室,这样能保证人员的出入及材料的运输分开。气闸可同时容纳 2 人以上。人闸内的装置有照明灯、压力表、气阀、时钟、消音器、椅子、取暖器、电话等。

(8) 管片拼装系统

管片拼装系统用于管片的拼装,由管片拼装机、双轨梁电动环链葫芦和单轨梁电动环链葫芦组成。单轨梁上的电动环链葫芦将管片从管片运输车上吊起放在储存区。在拼装时,通过双轨梁上的电动环链葫芦将管片从管片储存区吊起运输到管片拼装机下部,通过拼装机完成管片的拼装。单、双轨梁运输机构采用链轮链条牵引,设有限位装置以防止行走小车脱离轨道。

管片拼装机整体外形为一圆环状,旋转角度范围为 ±200°。除旋转外,其余动力和油箱等装置均安装在拼装机悬伸臂上,主要用于管片的拼装。管片拼装机具有 6 个自由度,包括平移、回转、升降、偏移、俯仰、横摇活动,如图 2-25 所示。管片拼装机回转由液压马达驱动,具有常闭制动功能,角度限位控制开关,可防止产生人为的设备事故。

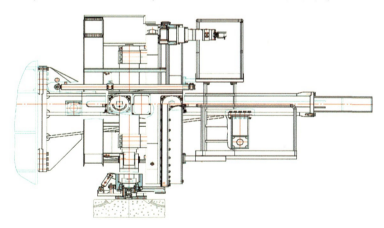

图 2-25 管片拼装机结构示意图

拼装机的动力和油箱等装置安装在拼装机的结构件上(悬臂梁等)。拼装机回转有高速及低速两挡可切换的速度。管片拼装机具有有线和无线操作功能。可通过有线或无线操作盒进行操作,拼装管片作业时可以在安全的地方边观察边进行操作。管片拼装机设计充分考虑了安全第一的原则,设备在进行拼装作业过程中伴有警笛声和警灯闪烁,以提醒附近人员注意。

(9) 后配套拖车

后配套拖车框架由型钢、钢板焊接而成,在既有5辆后配套拖车的基础上增加一辆注浆台车。

本机在1号后续拖车(从前进方向看左侧)的操作室内,设有运转操作盘,并汇集了运转时常用的操作仪器和监视仪器类,见表2-13。

拖车设备一览表　　　　　　　　　　　　　　　　　　　　　　　　　表2-13

拖车编号	长度(mm)	安装设备名称
1	6500	左:同步注浆注入设备(A液、B液); 右:操纵室、操作盘
2	6100	左:加泥设备; 右:电控柜
3	6100	左:液压泵单元、液压阀单元、水箱、冷却水泵等; 右:盾尾油脂泵、集中润滑设备、泡沫设备
4	左:6100、右:6500	左:液压泵单元、油箱; 右:变压器
5	6500	左:空压机、废水排放泵; 右:电缆储存
6	6000	双液注浆机、聚氨酯泵、袋装水泥、搅拌桶、双快水泥

皮带输送机从前五节拖车的上面通过,在5号拖车处卸渣。绝大部分的液压管、水管、泡沫管及油脂管从拖车内通过到达盾构主机。在拖车的两侧铺设有人员通过的安全通道。拖车和主机之间通过连接桥连接,拖车由主机牵引前进。

(10) 液压系统

本机装有如表2-14所示的液压装置。各个液压泵和电机通过联轴器连接,安装在公用基座上。

液压设备形式及用途表　　　　　　　　　　　　　　　　　　　　　表2-14

名　称	形式及用途
推进液压缸动力装置	变量柱塞泵,用于推进液压缸推进。推进油泵的排量调节通过操作盘上的电位器进行
管片拼装机、闸门开关动力装置	定量柱塞泵,用于拼装机旋回用液压马达和螺旋机闸门液压缸的动作
拼装机液压缸动力装置	定量柱塞泵,用于升降、滑动、止动的各个液压缸的动作
仿形刀、搅拌装置	定量柱塞泵,用于仿形刀液压缸的伸缩,搅拌箱搅拌
螺旋输送机回转动力装置(2台)	变量柱塞泵,用于螺旋输送机回转用的液压马达的动作
油冷却器动力装置	定量叶片泵,用于使油箱内的液压油在冷却器之间循环

盾构的液压系统元器件全部采用国际知名品牌的产品,泵和马达绝大部分采用力士乐的产品,阀主要采用力士乐、哈威等国际知名公司的产品。合理的设计及可靠的元器件质量,充分保证了液压系统的可靠性。

(11) 电气设备

三相 380V 电源接入控制盘,为切削刀盘驱动减速电机、液压系统电机,以及供油脂系统等供动力电。另外,通过变压器,将 380V 降压到 220V、100V 的电源供控制、照明使用。

盾构机通常需要的操作,可用 2 号后续拖车(右)上的操作盘操作。但拼装机、整圆器和管片运输电动环链葫芦的操作,可用各装置附近的各个操作箱进行操作。并且,管片拼装时,通过安装在操作平台下部的推进液压缸操作箱(切换式构造)也能操作。

①控制盘

钢板制造防漏型,装在 2 号后续拖车(右)上,由漏电保护器、配电用断路器、电磁开闭器、辅助继电器、电流计、电压表、定时器、过电流继电器、各种变换器等构成,控制各个设备。

②运转操作盘

钢板制造防漏型,装在 1 号后续拖车(右)上,由按钮开关、切换开关、指示表、指示灯、蜂鸣器、急停按钮构成。日常所需的运转操作通过该操作盘进行,运转状态等通过指示灯确认。

③推进液压缸操作箱

防漏手提型,装在伸出的操作平台上、下部,管片拼装方式时,在机内操作推进液压缸时使用。上部的操作盘,可进行推进液压缸的全部操作,而下部的操作盘,可进行 6～17 号推进液压缸的操作。

④拼装机操作箱

进行拼装机的旋转、升降、滑动、止晃动、扩张的操作。有无线操作箱和有线操作箱,通过切换推进液压缸操作箱(操作平台上部)的开关进行操作。

⑤拼装机无线电控制受信盘

防漏壁挂型,装在 1 号后续拖车(右)上,通过天线接受拼装机无线操作箱的电波,进行信号变换,控制拼装机操作。

⑥急停箱

盾构机内的主机立柱附近 1 处,机内推进液压缸操作箱上的 2 处,后续拖车操作盘上 1 处设有该箱,如按下按钮,所有的设备都将停止运转。

⑦螺旋输送机收缩液压缸和土仓壁遮断闸门操作箱

设在盾构机内,通过切换开关,进行螺旋输送机收缩操作及土仓壁闸门的开关操作。

⑧变压器

配备 1 台容量为 1050kVA 变压器,将 10kV 高压变为 380V 电压并提供动力。

⑨电压、频率、相位

电压、频率、相位见表 2-15。

液压设备形式及用途表 表 2-15

形　式	电压(V)	频率(Hz)	相　位
电源	10000	50	3 相
动力	380	50	3 相
控制	100	50	单相
照明	220	50	单相

(12) 盾尾油脂注入系统

盾尾油脂可以提高盾尾密封的止水效果,这种油脂具有能止水、防止注浆材料流入的作用,由于钢丝刷和油脂的柔软性,因此对管片安装产生的不平、曲线部变压等也有止水效果。另外,也有防止盾尾钢丝刷磨耗的作用。

盾尾油脂管为内置型,共 12 根油脂管,6 根分为 1 组,分别通向两个盾尾密封室。尾刷密封由三排焊接在壳体上的密封刷组成,防止注浆材料和水漏进盾体内部,在土压平衡时还有保持其各自压力的作用。三排密封刷组形成两个环形空间,中间一直充满油脂,由后配套车架上流量可调(通过电控阀门实现)的油脂泵注入,每个环形空间各由 6 根油脂管注入,实现均匀注脂,根据需要,可选择时间模式和压力模式注脂方式,盾尾油脂注入流量和压力可在操作室显示屏上显示,如遇有管路堵塞,显示屏有异常红亮则显示报警。在充分注入高质量的盾尾油脂的条件下,配置的两个油脂密封腔能承受 0.5MPa 水压力。

设置气动油脂注入系统,在盾构机推进过程中根据需要向盾尾钢丝刷中注入油脂。在水压较高的情况下,盾构机在推进过程中需不间断地向盾尾钢丝刷中注入具有一定压力的油脂,防止盾尾钢丝刷反转。由于油脂的不断充填,可以得到充足的止水效果。盾尾油脂的注入通过泵的间歇运转和注入阀的开关来实现。

本装置由设在 2 号后续拖车(右)上的注入泵,装在盾构主机内的电动球阀、压力表、配管、高压软管等构成。盾尾处的各个注脂分管路上安装电气控制的阀门,装有压力控制装置,并且能自动或手动控制。盾尾油脂可自动和手动操作,盾尾油脂注入量可根据地质条件进行设定。油脂注入可以在触摸屏上进行。

(13) 同步注浆系统

同步注浆管为内置式嵌入型,为铸件,共 8 根,其中 4 根注浆管为备用;油脂管为内置型,共 12 根,每 6 根分为一组,分别通向两个盾尾密封室。4 路注浆管中安装有流量计,可对每环注浆量自动计量。注浆系统如图 2-26 所示。

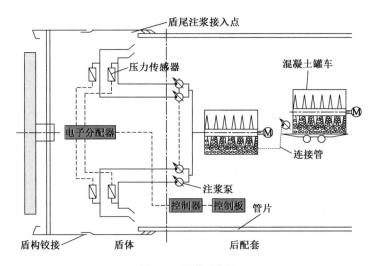

图 2-26 注浆系统图

系统配置了 1 个 12m³ 带搅拌的浆液罐和 2 台双出口额定功率 10kW 注浆泵(既确保注浆速度,又保证单台泵失效等特殊情况下工程的可持续性),额定工作压力 6MPa,注浆能力为 15m³/h。盾壳上设置有 8 根注浆管(4 用 4 备),每根注浆管均可独立控制。为了通过控制液压油流量来调整泵送注浆量,在 4 个出口都装有压力计。

为了实现自动注浆的功能,在管路的注入端安装了压力传感器,用于检测注浆压力,以控制注浆的开启和停止。注浆系统使用 4 根注浆管安装在盾尾的周边上。2 台注浆泵,每台泵有 2 个出口,每个出口都装有压力计和流量显示及数据采集装置,泵送注浆量可以通过控制液压油流量来调整,注浆量可累计计算,并可在系统中得到记录。

为了适应不同的注浆量(掘进速度),整个设备根据压力控制注入量。最小和最大注浆量可以预先选择。本设备由电力液压动力站提供动力。泵送注浆量可以通过控制液压油流量来调整。每个出口都装有压力计。在泵的冲程可检验的地方,每个活塞都装有指示器。活塞速度可以随液压变化,主要借助于操作员控制板上的 4 个电位计,对每台柱塞泵进行调速,可实现每个分支管路的独立控制。这样每条注浆线上的注浆量均可独立调节以适应盾构的掘进速度。每个注浆点上的压力计发出的信号可以用于控制注浆过程。打开和关闭点可以在操作员控制板上变化。

① 手动操作

在手动操作模式,有可能单独选择 4 个注浆点中的其中 1 个,并通过控制板的开关启动该系统。注入材料的体积,注浆泵的活塞速度可借助控制板上的电位计进行调节。

② 自动操作

在自动操作模式,所有 4 个注浆点都设有连续监测,如果压力超过了最小静压力的预设值开始注浆。如果超过了最大静压力注浆就会减少,直到该值降到限制值以下然后再次开始。

注浆系统控制板与盾构操作员控制室相连,以便盾构掘进一开始时注浆站就有显示。在管片的装配与空闲期间,预先计划的时间推延应加长,将连续进行注浆静压力检测,如果预设最小静压力出现则注浆过程会自动开始。

(14) 数据采集存储和传输系统

盾构机配备一套 VMT 公司的 SLS-TAPD 导向系统。本系统能够对盾构机在掘进中的各种姿态,以及盾构机的线路和位置关系进行精确的测量和显示。操作人员可以及时地根据导向系统提供的信息,快速、实时地对盾构机的掘进方向及姿态进行调整,保证掘进方向的正确。SLS-TAPD 导向系统和隧道掘进软件全天候地提供盾构机的三维坐标和定向连续的动态信息。隧道掘进软件是 SLS-TAPD 的核心。通过其附带的通信装置接收数据,由隧道掘进软件计算盾构机的方位和坐标,并以图表和数字表格形式显示出来,使盾构机的位置一目了然,如图 2-27 和图 2-28 所示。

(15) 数据采集系统

数据采集系统可采集、处理、储存、显示、评估与盾构机有关的数据。所有测量数据都通过被时钟脉冲控制的测量传感器连续地采集得到并显示。所有必须记录的测量值都以图形的形式显示在监测器上。操作员可在这些屏幕页之间切换并从中获取需要的数据。

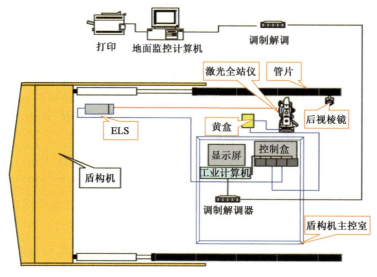

图 2-27 SLS-T 激光导向系统

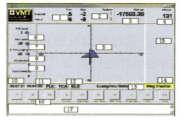

图 2-28 激光导向系统指示图

图 2-29 所示为数据采集系统工作示意图。通过数据采集系统收集到的信息,可以实现对盾构机状态的实时信息化管理。通过互联网、电话拨号网以及计算机可以将当前的盾构机掘进状态数据传送至业主、监理、设计及施工等相关部门,为整个工程的信息化管理提供重要信息来源。

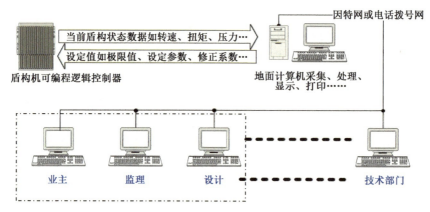

图 2-29 盾构数据采集系统及盾构机状态信息化示意图

第 3 章

随机场可靠度理论

Key Technologies for Construction of Cross-overlapping Twisted Shield Tunnel Groups

本章采用经典随机理论描述岩土参数的变异性,计算盾构隧道地表沉降可靠指标,从而控制施工风险;采用局部均值方法、响应面方法、协同序贯高斯离散算法、子集 Monte-Carlo 随机模拟加速算法等计算施工可靠性指标值,为复杂盾构隧道的施工控制与设计优化提供了理论依据。

3.1 可靠度响应面方法

根据经典随机理论,Hasofer-Lind 公式广泛应用于可靠指标计算,具体表述如下:

$$\beta_{HL} = \min_{Z \in G} \sqrt{(\boldsymbol{Z} - \boldsymbol{\mu}_Z)^T \boldsymbol{C}^{-1} (\boldsymbol{Z} - \boldsymbol{\mu}_Z)} \tag{3-1}$$

式中:$\boldsymbol{\mu}_Z$——岩土参数的均值向量;
$\boldsymbol{C}$——岩土参数的协方差矩阵;
$\boldsymbol{Z}$——功能函数 G 的验算点向量。

β_{HL} 的数学意义是功能函数 $G(\boldsymbol{Z}) = 0$ 对应的累计概率分布函数曲线上分位数的绝对值,即:

$$\beta_{HL} = -\Phi^{-1}[P_f] \tag{3-2}$$

式中:$\Phi^{-1}[\cdot]$——标准正态累计概率分布函数的逆变换;
P_f——系统失效概率。

地表最大沉降的功能函数定义如下:

$$G = v_{max} - v \tag{3-3}$$

式中:v——由数值计算得到的地表沉降最大理论值;
v_{max}——地表沉降最大控制值。

构造一个二次非交叉多项式,模拟功能函数的响应面。

$$G(\boldsymbol{Z}) = g_0 + \sum_{i=1}^{n} a_i Z_i + \sum_{i=1}^{n} b_i Z_i^2 \tag{3-4}$$

式中:g_0、a_i、b_i——待定系数,$i = 1, \cdots, n$。

响应面算法计算可靠指标的步骤如图 3-1 所示。

(1) 选择随机变量的均值点 $\boldsymbol{\mu}$ 和 $2n$ 个采样点 $\boldsymbol{\mu} \pm k\boldsymbol{\sigma}$ 计算功能函数 $G(\boldsymbol{Z})$ 值,参数 k 可取值 1.0。

(2) 联立 $2n + 1$ 个功能函数线性方程组,解答出响应面功能函数未知系数 g_0 和 a_i、b_i,$i = 1、\cdots、n$。

(3) 保证功能函数值为零,求解 Hasofer-Lind 方程,得到迭代验算点 $\boldsymbol{Z}^{(j)}$ 和可靠指标 β_{HL}^j。

(4) 将迭代验算点 $\boldsymbol{Z}^{(j)}$ 替代均值点 $\boldsymbol{\mu}_Z^{j+1}$。重复 (1)~(3) 步骤直至可靠指标 β_{HL} 收敛。

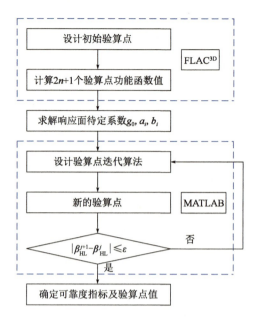

图 3-1　可靠指标响应面算法

3.2 可靠度随机场方法

经典随机理论概化了岩土参数的空间变异性,笼统以随机性描述岩土参数的不确定性。随机场理论既考虑样本的随机性,又重视样本间的结构性,弥补了经典统计学忽略空间方位的缺陷。

3.2.1 随机场平稳性处理

去趋势分析是最常用的获得平稳随机场的方法。岩土参数随机场变量通常可表达为:

$$Z(x) = \mu(x) + \varepsilon(x) \tag{3-5}$$

式中:$\mu(x)$——确定性均值函数;

$\varepsilon(x)$——波动残差。

本节拟采用局部均值方法,在深度方向建立非连续均值函数。

表 2-4 中给出了黏聚力、内摩擦角和压缩模量等的均值 $m(x_i)$,$i = 1、2、\cdots、n$,并可连成一条非连续的均值曲线。随机场方差可采用各土层岩土参数方差的厚度加权平均值:

$$\sigma^2 = \frac{\sum_{i=1}^{N} \sigma^2(x_i) \cdot H_i}{\sum_{i=1}^{N} H_i} \tag{3-6}$$

式中：N——土性相似的土层数目；

H_i——土层厚度；

σ^2——随机场加权方差。

设勘察数据样本，样本变异函数值可通过下式来进行计算：

$$\gamma^*(h) = \frac{1}{2N_h}\sum_{i=1}^{N_h}[Z(x_i+h) - Z(x_i)]^2 \tag{3-7}$$

式中：h——分离距离；

N_h——在(x_i+h, x_i)之间用来计算样本变异函数值的数据对。

球状模型理论变异函数已在岩土参数空间变异性的研究中，得到了广泛的应用。

$$\gamma(h) = \begin{cases} C_0 + C_1\left[1.5\left(\dfrac{h}{a}\right) - 0.5\left(\dfrac{h}{a}\right)^3\right], 0 \leqslant h \leqslant a \\ C_0 + C_1, h > a \end{cases} \tag{3-8}$$

式中：C_0——块金值；

$C_0 + C_1$——基台值（即方差σ^2）；

a——变程（即相关距离）。

样本变异函数值将通过数学拟合方法得到理论变异函数。

岩土参数在三维空间中的各向异性，可由加权的分离距离h表示：

$$h = \sqrt{\left(\frac{h_1}{\eta_1}\right)^2 + \left(\frac{h_2}{\eta_2}\right)^2 + \left(\frac{h_2}{\eta_3}\right)^2} \tag{3-9}$$

式中：η_1——恒等于1.0；

η_2, η_3——第二、第三主方向上的变程a_2、a_3与主变程a_1的比率。

3.2.2　协同序贯高斯离散化

功率谱转动带法、Karhunen-Loeve分解方法、序贯高斯模拟和随机谐和函数等对于单个随机场变量的离散化研究，已经取得了较好的研究成果，但很少涉及统计相关的、多元和各向异性随机场变量的同步离散化。以下工作将以序贯高斯模拟算法为基础，提出协同序贯高斯离散化算法。

首先，介绍两个（或以上）的随机场变量$Z_1(x)$、$Z_2(x)$的协同空间插值。已知随机场的均值m_1和m_2，理论变异函数$r_{11}(h)$和$r_{22}(h)$，以及协变异函数$r_{12}(h)$存在。那么利用Z_1和Z_2的资料，预测Z_2在x_0处的均值和方差分别为：

$$\gamma_{12}(h) = \frac{1}{2}E\{[Z_1(x+h)-Z_1(x)][Z_2(x+h)-Z_2(x)]\} \quad (3\text{-}10)$$

$$Z_2^*(x_0) = \sum_{i=1}^{n_1}\lambda_{1i}Z_1(x_i) + \sum_{j=1}^{n_2}\lambda_{2j}Z_2(x_j) \quad (3\text{-}11)$$

$$\sigma_2^2 = \sum_{i=1}^{n_1}\lambda_{1i}r_{12}(x_i-x_0) + \sum_{j=1}^{n_2}\lambda_{2j}r_{22}(x_j-x_0) + \mu_2 \quad (3\text{-}12)$$

式中插值系数 $\lambda_{1i}(i=1、2、\cdots、n_1)$，$\lambda_{2j}(j=1、2、\cdots、n_2)$，以及拉格朗日系数 μ_2 由协克里金线性方程组得出。公式对于 Z_1 在 x_0 处的预测同样成立。

经过平稳性分析后，随机场变量 $Z(x)$ 将整体上满足正态分布特征。在空间离散域 A 内，共有 K 个节点，则随机场变量 $Z(x)$ 可以由相似的 K 个 $\{Z(x_k), x\in A, k=1、2、\cdots、K\}$ 独立正态分布的随机变量之和产生：

$$Z(x) = \sum_{k=1}^{K}\lambda_k Z(x_k) \quad (3\text{-}13)$$

其相应的 K 元联合概率分布函数可以表示为：

$$F_K(Z_1、Z_2、\cdots、Z_K|k) = Prob\{Z_i<z_i, i=1、2、\cdots、K|k\} \quad (3\text{-}14)$$

为了得到一个 K 元样本，可以由 K 个序贯模拟步骤完成，每一步都是联合概率分布函数的抽样，先前已模拟的数据可作为下一个抽样的条件数据。

协同序贯高斯离散化算法的步骤如下：

（1）在空间离散域内，定义一条随机路径，保证遍历每一个节点，并且每一个节点只能经过一次。

（2）根据条件数据、理论变异函数和协变异函数，采用协克里金方法计算空间节点 x_k 的均值 $Z_1(x_k)$、$Z_2(x_k)$，以及预测方差 σ_1^2、σ_2^2。

（3）在空间节点 x_k 处分别建立正态随机分布：$N[Z_1(x_k), \sigma_1^2]$ 和 $N[Z_2(x_k), \sigma_2^2]$。各进行一次随机抽样，得到该节点随机场变量 Z_1 和 Z_2 的实现，并作为条件数据进入后续随机模拟。

（4）沿随机路径移动至空间节点 x_{k+1}，重复步骤（2）、（3），直至遍历所有 K 个节点。

（5）完成一次协同序贯随机场离散化。

3.2.3　经典 Monte-Carlo 模拟算法

Monte-Carlo 模拟算法借助 FLAC^{3D} 数值计算平台，建立三维地层—结构模型。MAD 软件作为随机场模拟发生器，随机单元与有限差分网格重合。具体流程如图3-2所示。

（1）划分有限差分网格，要求单元尺寸小于同方向随机场统计特征—变程的二分之一，以保证随机场的离散点能够描述岩土参数的空间变异性。

（2）利用去趋势分析，得到二阶平稳随机场。给定多元岩土参数随机场统计特征，如均值、方差、主变程、变程比率和相关系数等，场地勘察数据作为随机场的条件数据。

（3）在 MAD 平台上，定义一条随机路径 j，采用协同序贯高斯离散化算法对随机场单元进行一次模拟，得到相应的岩土参数波动残差的离散值。

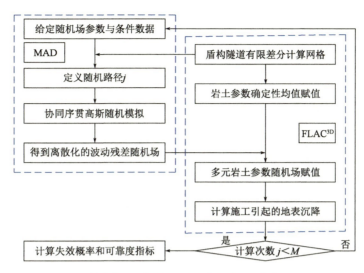

图 3-2 经典 Monte-Carlo 算法分析可靠度

(4) 自动调用 FLAC³ᴰ, 首先赋予有限差分网格确定性的岩土参数均值, 并叠加随机场离散值。

(5) 通过 FLAC³ᴰ 计算上述岩土参数条件下, 盾构隧道施工引起的地表沉降, 作为一次随机模拟结果。

(6) 重复步骤(3)~(5), 直到满足 Monte-Carlo 算法计算可靠指标的随机模拟次数 N_{tot} 的要求。

(7) 根据设定的地表沉降允许值, 统计失效概率, 并计算可靠指标。

如系统失效概率为 $P_f = 10^{-k}$, 经典 Monte-Carlo 算法所需的随机模拟次数为 $N_{\text{tot}} \approx 10^{k+2}$, 其中, k 为失效概率的指数幅值。由于涉及随机场大规模抽样, 难以应用于工程实践, 需要引入模拟加速算法。

3.2.4 子集 Monte-Carlo 模拟算法

子集 Monte-Carlo 随机模拟属于马尔科夫链加速抽样算法。在概率空间中, 系统失效事件 F 可以视作 M 个连续失效事件级联相乘:

$$F = \bigcap_{i=1}^{M} F_i \tag{3-15}$$

则系统失效的联合概率分布为:

$$P_f(\bigcap_{i=1}^{M} F_i) = P_f(F_1) \prod_{i=2}^{M} P_f(F_i | F_{i-1}) \tag{3-16}$$

系统失效事件由功能函数 $G \leqslant 0$ 表示, 而级联失效事件定义为 $F_i = \{G \leqslant c_i\}$, $i = 1、2、\cdots、m$ 且 $c_1 > \cdots > c_i > \cdots > c_m = 0$。$c_i$ 值等于子集 Monte-Carlo 随机模拟法的失效比例 p_0 对应的功能函数值 G_0。初始失效事件概率值 $P_f(F_1)$ 直接由 Monte-Carlo 随机模拟获得。算法描述如下:

(1) 计算初始失效事件概率 $P_f(F_1)$。进行 N 次子集随机模拟计算功能函数 G 值，c_i 的取值等于 $\{G_i: i=1、2、\cdots、N\}$ 由大到小排列顺序中的第 $[(1-p_0)N]$ 位，子集失效比例参数 p_0 和子集模拟次数参数 N 通过经典 Monte-Carlo 随机模拟法试算确定。

(2) 在计算初始失效事件概率 $P_f(F_1)$ 时，$i>p_0N$ 的样本均服从 $G_i\leqslant c_1$。以上 p_0N 个抽样将作为子集种子出现在计算失效事件概率 $P_f(F_2)$ 的随机场样本中；按照马尔科夫链无后效性原则，作为一次条件数据生成其他的 $(1-p_0)N$ 个随机场样本，具体通过协同序贯高斯离散化算法实现。

(3) 重复以上子集 Monte-Carlo 随机模拟算法，依次计算失效事件 F_3、F_4、$\cdots$、F_M 的失效概率，持续直到 $c_M=0$ 截止，则系统失效概率近似等于：

$$P_f(F) \approx P_f(F_0)^{M-1} P_f(F_M|F_{M-1}) \tag{3-17}$$

式中条件概率 $P_f(F_M|F_{M-1})$ 等于第 M 步 $G_M\leqslant 0$ 的样本数除以子集模拟次数 N。

如前所述，达到同样收敛条件，经典 Monte-Carlo 随机模拟算法需要 $N_{tot}=10^{k+2}$ 次抽样，而子集模拟法的效率大为提高，需要的随机模拟总数为：

$$N_{tot}=k(1-p_0)N+N \tag{3-18}$$

第 4 章

隧道施工受力分析

Key Technologies for Construction of Cross-overlapping Twisted Shield Tunnel Groups

Key Technologies for Construction of Cross-overlapping Twisted Shield Tunnel Groups

天津地铁5号线、6号线区间隧道交汇段进入环湖西路站时,采用4线"左右交叉、上下重叠"的空间线形,给隧道工程师带来了巨大的挑战。在实践中,盾构隧道的推进将会引起地面下陷,局部不均匀沉降等现象。土中应力和孔隙水压力的平衡也会发生变化,隧道开挖后,土中应力和孔隙水压力耦合调整,需要达到新的平衡。另外,后行隧道的掘进对先行隧道管片的受力影响也是隧道工程师最为关心的问题。这些问题在盾构隧道修建前,需要有一个定性和定量的认识。数值计算方法作为现代科技人员的辅助手段,选择合理的力学模型、物理力学参数、设计施工流程,在计算的结果中加入土木工程师的经验判断,对设计和施工的指导大有益处。选择最优的施工顺序,以减少交叉施工所产生的影响。预先判断工程实施过程中可能出现的风险,提前采取工程措施。

坚持"基于原始数据和计算结果、考虑工程经验和适度简化"的原则对天津地铁5号线、6号线文化中心1标工程施工过程受力及变形情况进行了精心的数值计算模拟。

(1)采用荷载—结构模型验算多种工况下管片内力,并与三维地层—结构结果进行比较。

(2)利用大型有限元软件ANSYS10.0,建立了环湖西路站西端5号线、6号线区间隧道空间交叠段的物理力学模型,将该模型导入岩土计算软件FLAC^{3D}3.0,进行力学分析。

(3)分析了4条区间盾构隧道"左右交叉、上下重叠"的施工相互影响,如盾构管片的内力,变形等规律。

(4)分析了盾构隧道施工对周边环境的影响,主要是地表变形规律和土层力学流—固耦合状态变化的研究。

4.1 概述

本节主要介绍天津地铁5号线、6号线环湖西路区间交叉重叠段的建模方式,模拟开挖过程中地层—结构的相互影响,充分掌握挖掘过程中土层及盾构管片等的应力、变形及水—土耦合力学规律的必要性。对建模的技术路线进行了介绍,主要是使用大型有限元ANYSYS和FLAC^{3D}进行计算。天津地铁5号线、6号线环湖西路交汇区间是目前国内首次采用左右交叉、上下重叠的4线轨道交通隧道工程,土质软弱且富含承压水,又处于建筑物、管网密集的城市中心,富有创新的同时也充满挑战,施工难度大。如何更好地预防可能发生的风险是本工程的重点和难点。为保证该项目顺利完成,本章针对性取出核心交叉部分的隧道区间,模拟开挖过程中地层—结构的相互影响,充分掌握挖掘过程中土层及盾构管片等的应力、变形及水—土耦合力学规律,辨识工程风险点,提出原则性建议,以供施工参考。

隧道掘进过程中的安全性评估可在荷载—结构模型,三维地层—结构模型等手段的基础上,得出4线盾构隧道掘进过程中的力学状态变化。采用大型有限元软件ANSYS、岩土分析有限差分法软件FLAC^{3D}进行计算;按照勘察资料、设计图纸、施工方案和工程规范的要求,对施工方案的合理性及可能出现的风险进行合理的评估。根据工程、水文地质条件,在环湖西路站西端头取出一段4线核心交叉区域的盾构隧道,结合施工方案中确定的盾构施工顺序,建立隧道的荷载—结构模型,从以下三个方面开展计算与分析。

(1)在上部后行隧道通过时,对先行隧道(底部隧道)的结构内力进行计算,并检算管片的承载力、变形、斜截面抗剪强度,分析底部盾构隧道添加钢支撑的必要性。

(2)根据施工组织的掘进方案,进行三维结构—流体—土体耦合分析。计算隧道掘进过程中管片的内力和变形状态变化,尤其是后行隧道对先行隧道的力学作用,以及地表的横向变形等力学计算结果。

(3)根据荷载—结构理论和三维地层—结构模型的分析,分别计算各工况下地面沉降理论值、隧道管片及土体受力理论值、隧道理论变形值。

4.2 受力分析典型断面的选取

根据本工程的线路设计情况,选取了10个有代表性的典型断面进行分析,其中环水、环体区间典型断面位置如图4-1所示,环宾区间典型断面位置如图4-2所示。

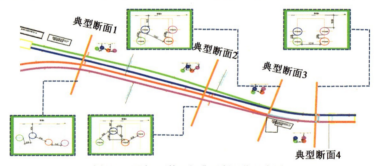

图4-1 环水、环体区间典型断面位置意图

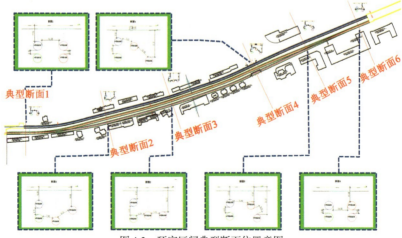

图4-2 环宾区间典型断面位置意图

4.3 下部隧道架设钢支撑受力分析

使用 Winkler 假定为基础的变形理论来对钢支撑进行受力分析,采用 ANSYS 有限元软件对下部隧道的有无钢支撑分别进行建模。对比有无钢支撑的计算结果,以及对管片衬砌内力检算,得到添加钢支撑的必要性,为施工提供了理论依据。

4.3.1 力学模型

盾构隧道是埋置于土层中的结构物,周围被土层所包围,其受力、变形与土层密切相关,支护结构与土层作为统一的受力体系相互约束,共同工作。将支护结构与土层作用考虑为主动荷载加弹性抗力的模式,它认为土层不仅对支护结构施加主动荷载,而且由于土层与支护结构的相互作用,对支护结构也施加约束反力(弹性抗力)。弹性抗力的大小,目前常用 Winkler 假定为基础的局部变形理论来确定,认为土层的弹性抗力与土层在该点的变形成正比,用公式表示为:

$$\sigma_i = K\delta_i \tag{4-1}$$

式中:σ_i——土层表面同一点 i 的所产生的弹性抗力(MPa);
K——比例系数(MPa/m);
δ_i——土层表面任意一点 i 的压缩变形(m)。

Winkler 假定相当于把土层简化为一系列彼此独立的弹簧,某一弹簧受到压缩时所产生的反作用力只与该弹簧有关,在计算中弹簧是不能承受拉力的。

1) 几何模型

管片衬砌以二维梁单元模拟,断面尺寸严格按照管片尺寸建立,隧道断面如图 4-3 所示,计算单元划分如图 4-4 所示。为了便于建模,忽略管片间连接缝的影响。

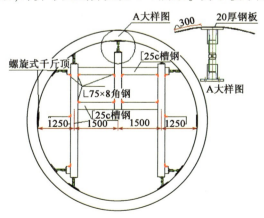

图 4-3　隧道断面图(尺寸单位:mm)

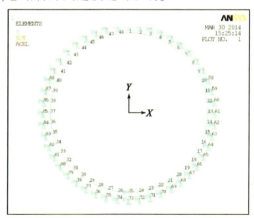

图 4-4　计算单元划分图

2）材料属性

ANSYS 建模采用 beam3 单元建立二次衬砌单元，采用 combine14 单元建立土弹簧。模型规模共 48 个单元、56 个节点，其中土弹簧单元为 31 个，见表 4-1。

材料属性表 表 4-1

材 料	重度（kN/m³）	弹性模量（GPa）	泊松比 v	地基系数（kN/m³）
二次衬砌钢筋混凝土	25.0	31.9	0.25	—
土弹簧	—	—	—	30000

3）边界条件

二次衬砌单元与土弹簧相连，约束土弹簧固定端所有自由度（UX、UY 和 ROTZ），并且在计算过程中，受拉的土弹簧将退出工作。

4）荷载条件

管片自重：混凝土的重度取 25kN/m³。

盾构机自重：考虑到盾构机扰动荷载的影响，盾构机产生的荷载取其两倍重度 $\gamma = 120$kN/m³。地层参数见表 4-2。

地层参数表 表 4-2

土层名称	饱和密度 ρ_{sat} （g·cm⁻³）	黏聚力 c （kPa）	内摩擦角 φ （°）	分布深度 （m）
浅海相沉积层粉质黏土	1.95	18	20	7~14
沼泽相沉积层粉质黏土	1.99	16	19	14~15
河床至河漫滩相沉积层黏土	1.99	16	30	15~21

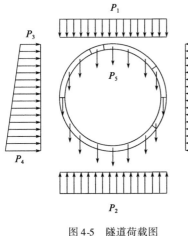

图 4-5 隧道荷载图

取天津地铁环湖西站的地质条件为计算参数，地面超载为 20kPa，隧道埋深为 20m。当地层为互层分布时，以地层构成中的支配地层为基础，将地层假定为单一土层进行计算，即采用粉质黏土层作为支配地层，利用 Terzaghi 的松弛土压力理论计算，土压力分布如图 4-5 所示。图 4-5 中，P_1 为管片环顶部的上覆水土压力；P_2 为管片环底部的土层抗力及竖向水压力；P_3 为管片环顶部水平面上的侧向水土压力；P_4 为管片环底部水平面上的侧向水土压力；P_5 为管片环底部水平面上的侧向水土压力，利用模型中土体有限元网格与管片环有限元网格之间的接触力进行模拟计算。

（1）土的松动范围的半径

$$B_1 = R_0 \cot\left(\frac{\frac{\pi}{4}+\frac{\varphi}{2}}{2}\right)(\mathrm{m}) \tag{4-2}$$

式中：R_0——管片的外半径(m)；
φ——土层内摩擦角(°)。

(2) 土层松动高度

$$h_0 = \frac{B_1\left(1-\dfrac{c}{B_1\gamma}\right)}{K_0\tan\varphi}(1-\mathrm{e}^{K_0\tan\varphi\frac{H}{B_1}}) + \frac{P_0}{\gamma}\mathrm{e}^{-K_0\tan\varphi\frac{H}{B_1}}\ (\mathrm{m}) \qquad (4\text{-}3)$$

式中：K_0——水平土压与竖向土压之比，取 0.55；
c——土层黏聚力(kPa)；
γ——土的重度(kN/m³)；
H——上覆土厚度(m)；
P_0——地面超载(kPa)。

将相关的各项参数代入式(4-2)和式(4-3)，计算得 $B_1 = 6.335\mathrm{m}$, $h_0 = 10.71\mathrm{m} > 2R_0 = 6.2\mathrm{m}$。故有：

$$\begin{cases} P_1 = h_0\gamma - 2R\gamma_6 + 2G \\ P_2 = P_1 + P_5 \\ P_3 = \lambda P_1 \\ P_4 = \lambda(P_1 + 2\gamma R_0) \end{cases} \qquad (4\text{-}4)$$

式中：λ——侧向土压系数，根据地质条件及经验系数，取为 0.45。

计算得：$P_1 = 240\mathrm{kPa}$；$P_2 = 268\mathrm{kPa}$；$P_3 = 108\mathrm{kPa}$；$P_4 = 158\mathrm{kPa}$。

4.3.2 计算结果

(1) 无钢支撑模型计算结果

重叠段隧道无钢支撑计算结果如图 4-6 ~ 图 4-11 所示。

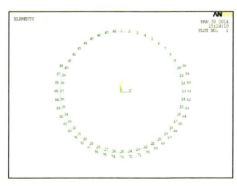

图 4-6 有限元单元与节点图

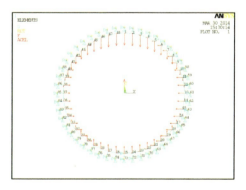

图 4-7 荷载与约束图

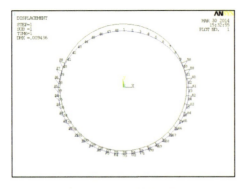

图 4-8　二次衬砌变形图

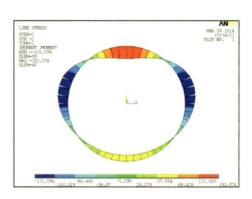

图 4-9　二次衬砌弯矩图

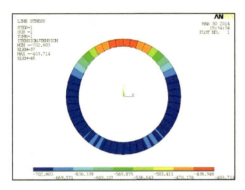

图 4-10　二次衬砌轴力图

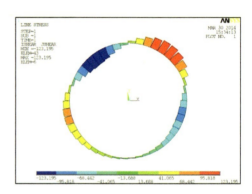

图 4-11　二次衬砌剪力图

(2) 附加钢支撑模型计算结果

由于内力显示为对称图形,因此最危险截面分别为仰拱、拱顶右侧 45°和拱顶右侧 75°,最终筛选出三个潜在危险断面,轴力分布、剪力分布、弯矩分布如图 4-12～图 4-15 所示;数据见表 4-3 和表 4-4。

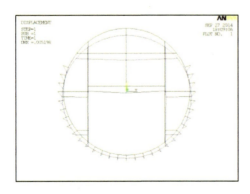

图 4-12　二次衬砌轴力图

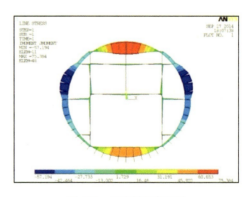

图 4-13　二次衬砌弯矩图

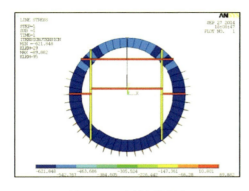

图 4-14 二次衬砌轴力图

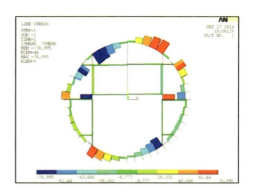

图 4-15 二次衬砌剪力图

无钢支撑潜在危险截面内力分布（绝对值） 表 4-3

截面内力	仰拱	拱顶右侧 45°	拱顶右侧 75°
轴力（kN）	702.803	—	669.571
剪力（kN）	—	123.195	—
弯矩（kN·m）	57.854	—	131.594

附加钢支撑潜在危险截面内力分布（绝对值） 表 4-4

截面内力	仰拱	拱顶右侧 45°	拱顶右侧 75°
轴力（kN）	621.848	—	542.767
剪力（kN）	—	78.995	—
弯矩（kN·m）	60.653	—	57.194

4.3.3 管片衬砌内力检算

1）隧道结构破损阶段法

根据《铁路隧道设计规范》（TB 10003—2016），双线隧道结构二次衬砌按照破损阶段法计算构件截面强度时，采用的安全系数见表 4-5。

钢筋混凝土结构的强度安全系数 K 表 4-5

荷载组合		主要荷载	主要荷载加附加荷载
破坏原因	钢筋达到计算强度或混凝土达到抗压或抗剪极限强度	2.0	1.7
	混凝土达到抗拉极限强度	2.4	2.0

（1）斜截面抗剪

矩形和 T 形截面的受弯构件，当配有箍筋时，其斜截面的抗剪强度如图 4-16 所示。

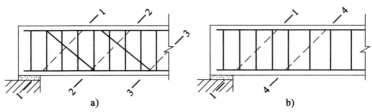

图 4-16 斜截面抗剪计算图

矩形截面的受弯构件,当仅配有箍筋时,其斜截面的抗剪强度按下列公式计算:

$$KQ \leq Q_{kh} \tag{4-5}$$

$$Q_{kh} = 0.07R_a bh_0 + a_{kh} R_g \frac{A_k}{S} h_0 \tag{4-6}$$

式中:K——安全系数。

Q——斜截面上的最大剪力(MN)。

Q_{kh}——斜截面上受压区混凝土和箍筋的抗剪强度(MN)。

R_a——斜截面抗拉强度(MN)。

b——截面宽度(m)。

h_0——截面高度(m)。

a_{kh}——抗剪强度影响系数,应按下列规定采用:

当 $KQ/bh_0 \leq 0.2R_a$、$R_a = 22.5\text{MPa}$、$R_w = 1.25R_a$ 时,$a_{kh} = 2.0$;

当 $KQ/bh_0 = 0.3R_a$ 时,$a_{kh} = 1.5$;

当 KQ/bh_0 为中间数值时,a_{kh} 值按直线内插法取用。

A_k——配置在同一截面内箍筋各肢的全部截面面积(m²),$A_k = na_k$,此时,箍筋的间距应符合规范的要求。

n——在同一截面内箍筋的肢数。

a_k——单肢箍筋的截面面积(m²)。

S——沿构件长度方向上箍筋的间距(m)。

R_g——箍筋的抗拉计算强度,取 300MPa。

(2)大偏心受压

钢筋混凝土矩形截面的大偏心受压构件($x \leq 0.55h_0$),如图 4-17 所示。其截面强度应按下式计算。

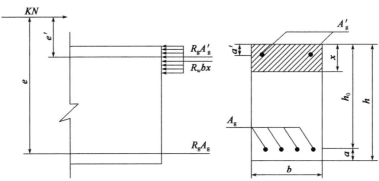

图 4-17 大偏心受压构件

$$KN \leqslant R_w bx + R_g(A'_g - A_g) \quad (4\text{-}7)$$

或：

$$KNe \leqslant R_w bx\left(h_0 - \frac{x}{2}\right) + R_g A'_g(h_0 - a') \quad (4\text{-}8)$$

式中：K——安全系数；

N——轴向力(MN)；

R_w——箍筋的抗压计算强度(MPa)，取 300MPa；

A_g——配置在同一截面内箍筋各肢的全部抗压强度(Ma)；

h_0——主筋至断面边缘长边距离(m)；

其他符号意义同前。

此时，中性轴的位置按下式确定：

$$R_g(A_g e \mp A'_g e') = R_w bx\left(e - h_0 + \frac{x}{2}\right) \quad (4\text{-}9)$$

当轴向力 N 作用于钢筋 A_g 与 A'_g 的重心之间时，式(4-9)中的左边括号内取正号；当 N 作用于 A_g 与 A'_g 的两重心以外时，则取负号。

如果在计算过程中考虑受压钢筋，则混凝土受压区的高度应符合 $x \geqslant 2a'$，如不符合，则按式(4-10)计算。

$$KNe' \leqslant R_g A_g(h_0 - a') \quad (4\text{-}10)$$

式中：e, e'——钢筋 A_g 和 A'_g 的重心至轴向力作用点的距离(m)；

其他符号意义同前。

当求得的构件截面强度比不考虑受压钢筋更小时，则计算中不考虑受压钢筋。

(3) 小偏心受压

钢筋混凝土矩形截面的小偏心受压构件($x > 0.55h_0$)，如图 4-18 所示。其截面强度应按式(4-11)计算。

$$KNe \leqslant 0.5R_w bh_0 + R_g A'_g(h_0 - a') \quad (4\text{-}11)$$

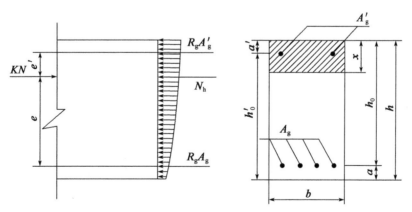

图 4-18 小偏心受压构件

当轴向力 N 作用于钢筋 A_g 的重心与 A'_g 的重心之间时，应符合式(4-12)要求。

$$KNe' \leqslant 0.5R_w bh_0'^2 + R_g A_g(h_0' - a) \quad (4\text{-}12)$$

式中：h_0'——主筋至断面边缘长边距离(m)；

其他符号意义同前。

偏心受压构件,除了应计算弯矩作用平面的强度外,还应按轴心受压构件来验算弯矩作用平面的强度。

$$KN \leqslant \varphi \alpha R_a b h \tag{4-13}$$

式中:φ——受压构件受压极限(kN);

α——受压构件截面积(m^2);

其他符号意义同前。

2)截面复核

二次衬砌双筋矩形截面如图 4-19 所示,仰拱、拱顶右侧 45°,拱顶右侧 75°,各项安全系数详见表 4-6 和表 4-7。

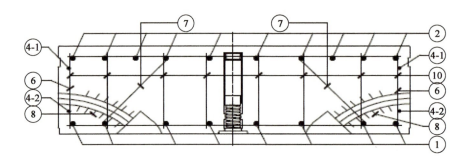

图 4-19　二次衬砌双筋矩形设计截面(尺寸单位:mm)

①~⑧-钢筋编号

无钢支撑二次衬砌安全度统计　　　　　　　　　　表 4-6

安全系数	仰　拱	拱顶右侧 45°	拱顶右侧 75°
$K_{N,M}$	>3.6	—	<2.0
K_Q	—	>7.0	—
K	>3.6	—	<2.0

附加钢支撑二次衬砌安全度统计　　　　　　　　　　表 4-7

安全系数	仰　拱	拱顶右侧 45°	拱顶右侧 75°
$K_{N,M}$	>3	—	>3.5
K_Q	—	>9	—
K	>3	—	>3.5

4.3.4　小结

(1)后行隧道(上部)对先行隧道(下部)的影响考虑了上部隧道土体移除(卸载)和盾构机振动作用(加载)的叠加影响。

(2)当底部隧道不加设钢架时,鉴于后行隧道施工对隧道的扰动影响,按照钢筋混凝土破坏阶段法理论,拱顶右侧 75°处抗弯压安全系数不能满足。因此,建议对先行隧道安装钢支撑进行支护,并在上部隧道通过时,加强先行隧道顶部变形监测。

(3)荷载—结构模型无法计算盾构隧道与周边介质的相互作用过程,尤其是土体对隧道掘进的影响。

4.4 隧道及土体力学分析

本节首先设计了盾构隧道掘进的顺序,并且介绍了盾构隧道的力学机理。之后采用地层—结构模型,使用 ANSYS 和 FLAC³ᴰ 软件建立了三层厚度不同的实体单元模拟盾构隧道的掘进过程,主要包括开挖、衬砌安装和壁后注浆。

4.4.1 盾构隧道推进顺序

考虑到本标段线路较长,全线建立三维模型难度较大,可以按照相似规律推演水上公园东路站至环湖西路站之间的盾构隧道应力—变形规律。通过比较线路的平纵面,以 6 号线里程为基准,取出 DK28+400～DK28+436 段,总长度为 36m,该区域是"左右交叉、上下重叠"的核心区段。按照设计说明,隧道掘进顺序假定为 6 号线左线→5 号线右线→6 号线右线→5 号线左线,模拟盾构隧道在环湖西路站西端头的过程。

本工程使用的盾构机,长度(刀盘和盾壳)为 8.705m,质量为 330t,标准开挖直径为 6.34m,最小转弯半径为 150m,推进速度为 60mm/min。

4.4.2 盾构法力学机理

盾构法施工是指在一个圆筒形移动式金属支撑的保护下开挖地层及安装衬砌。盾构推进过程主要分为开挖、衬砌安装和壁后注浆 3 个步骤,如图 4-20、图 4-21 所示。

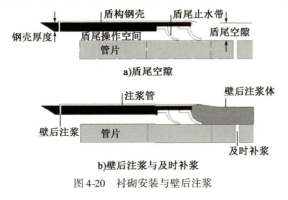

图 4-20 衬砌安装与壁后注浆

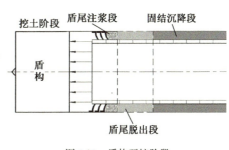

图 4-21 盾构开挖阶段

壁后注浆是通过盾构钢壳外壁内设置的注浆泵,以一定的注浆压力把具有一定流动性的浆液注入盾尾空隙,并确保充填完全,这是主动控制周围土体应力释放及变形的重要手段之一。在注浆完成时,注浆体仍处于液相流动状态,周围土体和管片衬砌主要承受浆体压力的作用。随着施工的进行,浆体水分不断流失,压力逐渐消散,浆体由液态逐渐转化为固态,并在管片外围形成环形保护层,周围的土体压力通过它传递给管片。浆体由液态逐渐转化为固态的过程,将直接影响地层变形、土体应力释放及最终作用在管片上的土压力。

(1)挖土阶段

在挖土阶段,盾构开挖面前方的土压力与后方支护压力,以及盾构机与土层之间的摩擦力保持平衡。沿着盾构机长度的方向,周围的土体应力因盾构机的刚性支护不能释放,但需要考虑盾构推进时盾构机与土层间摩擦力对周围土层的扰动。

(2)盾尾注浆阶段

盾构外径(6.34m)与衬砌外径(6.20m)间存在0.07m的建筑空隙,每推进一环(6号线一环宽度为1.5m,5号线一环宽度为1.2m)所产生的空隙量约为1.65m^3。为减少因空隙而引起的土体变形,在盾尾脱离前,随着盾构机的推进,应从盾尾向衬砌环外围进行注浆。注入率(注入量/盾尾空隙量)一般为120%~130%;注浆压力与衬砌环片强度、盾构机的形式及浆液材料等有关,一般在0.2~0.5MPa范围内。

(3)盾尾脱开阶段

在盾尾脱开后,衬砌与土层间的空隙将会闭合,这时最容易发生突沉,该施工阶段所引发的地层沉降依赖于扰动范围和注浆技术。

(4)固结沉降阶段

注浆材料随时间凝固,土—水耦合固结将引起衬砌与地层间的相互力学作用。一方面,随着浆液材料的凝固,地层变形逐渐受到约束而将外荷载传递至衬砌结构上;另一方面,地层变形也会因土体的固结而随时间增长。因此,在该施工阶段,大多数外荷载(如水土压力和注浆压力等)作用在衬砌结构上,并逐渐完成应力重分布的过程。

4.4.3 盾构隧道施工模拟

为了真实模拟盾构隧道的施工过程,使用 ANSYS 和 FLAC^{3D} 软件建立了三层厚度不同的实体单元,分别用来模拟被挖隧道土体(直径6.2m)、环向超挖空隙层和扰动层(考虑为0.2m),管片后注浆加固层为2.5m。管片厚为0.35m,使用薄壳单元模拟。

为了模拟盾构机在地层中的掘进过程,借用开挖面与盾尾之间的扰动层单元模拟盾构机的盾壳结构。模拟过程中盾构机每1步推进1个管片环宽的长度(1.5m 或1.2m),总共推进18m(根据模拟计算和工程经验证明,施工纵向影响距离为30~40m,取计算长度为18m,结果采用对称映射,可节约计算时间)。

具体实现方法为:

(1)开挖一个管片长度的隧道土体。

(2)给扰动层单元赋以盾壳的力学参数,以模拟盾构机本身对周围土体的支撑作用。

(3)施加土仓压力以保持开挖面的稳定平衡,给空隙层单元赋予远小于周围土体的力学参数,以模拟超挖造成的盾构机四周的空隙。

(4)进行静力平衡计算。

(5)进行流—固耦合再平衡计算。

依此过程,实施盾构机的下一步推进,直到整个盾构机全部进入隧道。当盾构机全部进入土体后,每一步的开挖计算除了继续进行上述盾壳的模拟外,还要在盾构机尾部实施管片安装及管片背后注浆的模拟。为了体现注浆材料的硬化过程,给注浆层设置以下两种属性。

(1)凝固前的低刚度注浆材料,弹性模量等于注浆压力。

(2)凝固后的注浆材料。这一阶段施工的具体模拟方法为:

①将新开挖的一段扰动层设为盾壳。

②将盾壳最后一段单元的材料属性改为凝固前的注浆材料的属性,同时,将紧贴这一段扰动层内部的薄层单元设为盾构管片。

③继续步骤①、②,直到设置了3个管环宽度的凝固前注浆材料,将第一环的低刚度注浆材料设为凝固后的注浆材料,即假定注浆材料的硬化过程滞后3个管环。盾构管片、扰动层和注浆层材料属性见表4-8。

材料属性表   表4-8

材料	密度(kg/m^3)	泊松比 ν	弹性模量 E(MPa)	黏聚力 c(kPa)	摩擦角 φ(°)
隧道管片	2450	0.25	34500	—	—
扰动层(注浆前)	1800	0.3	0.5		
注浆层(硬化后)	1800	0.30	150	180	35

注:扰动层厚0.2m,包括0.07m的建筑空隙,硬化后同注浆层性质。

4.4.4 地层—结构模型

(1)几何模型

根据核心交叉领域建立三维地层—结构模型(土体、承压水层、注浆层、扰动层、和隧道管片等)如图4-22、图4-23所示,模型长度为40m、宽度为100m、深度为70m。

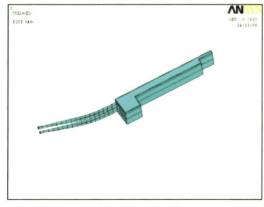

图4-22 区间隧道核心交汇区

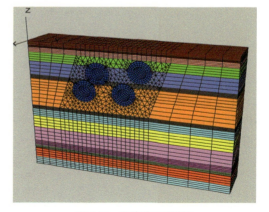

图4-23 整体单元模型图

为了便于建模和保证计算结果的正确性,对部分土层做了相应的简化处理,对中间土体层进行了合并,地面建筑通过施加外荷载的方式作用在表面土层之上。采用 ANSYS 的 SOLID45 单元建立实体模型,模型共 31620 个单元,31933 个节点,导入有限差分软件 FLAC^{3D} 进行流固耦合计算。

(2)边界条件

假定在盾构机推进过程中,模型最下方土层施加三维约束,X 法向方向上的外表面施加 X 维度约束,Y 法向方向上的外表面施加 Y 维度约束。上部隧道施工时,下部隧道内支撑简化为管片刚度增加 5%,加固范围为盾构机切口前 15m、盾尾后 30m。

(3)土体本构模型

在计算过程中对土体的计算模型使用莫尔—库仑模型,如图 4-24 所示;对混凝土材料使用弹性材料模型。以下对莫尔—库仑模型进行简要介绍。用直接剪切试验或直接扭转剪切试验可测定在规定的破坏面上的抗剪强度 τ_f,这些试验中剪应力与变形曲线在破坏时常有一个极限剪应力或一个很明确的驼峰剪应力,常将剪应力的最大值或其极限认为是抗剪强度。岩土材料中最老而迄今仍广泛采用的抗剪强度表达式是莫尔—库仑破坏准则,见式(4-14)。

$$\tau_f = c + \sigma_f \tan\varphi \tag{4-14}$$

式中:c——黏聚力;

σ_f——破坏面上的法向应力;

φ——内摩擦角。

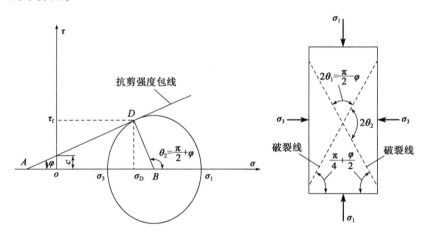

图 4-24 三轴试验的莫尔图

用普通三轴试验,可测定发生某破坏面时主应力表达的破坏准则,如在 $\sigma_1 > \sigma_2 = \sigma_3$ 的条件下,且已知三轴试件内破坏面与小主应力方向之间的倾角为 β_f,则由普通三轴试验的莫尔圆可知,破坏面上的剪应力与法向应力见式(4-15)和式(4-16)。

$$\tau_f = \frac{\sigma_1 - \sigma_3}{2}\sin2\beta_f \tag{4-15}$$

$$\sigma_f = \frac{\sigma_1 + \sigma_3}{2} + \frac{\sigma_1 - \sigma_3}{2}\cos2\beta_f \tag{4-16}$$

其中：$\beta_f = 45° + \dfrac{\varphi}{2}$

将式(4-16)代入库仑破坏准则(4-14)式，得到的莫尔—库仑准则见式4-17。

$$\dfrac{\sigma_1 - \sigma_3}{2} = c\cos\varphi + \dfrac{\sigma_1 + \sigma_3}{2}\sin\varphi \quad (4-17)$$

式中的 σ_1、σ_3、c、φ 均指破坏时在破坏面上的数值。

在主应力空间中，莫尔—库仑屈服面的形式是一个不等角的六边形锥体，如图 4-25 所示；更普遍的形式如图 4-26 所示。当 $\varphi = 0$ 时，莫尔—库仑准则就等于最大剪应力的屈瑞斯加准则，莫尔—库仑屈服面在 π 平面上的屈服线如图 4-27 所示。

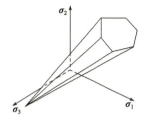

图 4-25 莫尔—库仑线性屈服面

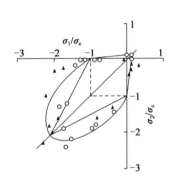

图 4-26 莫尔—库仑屈瑞斯加屈服面

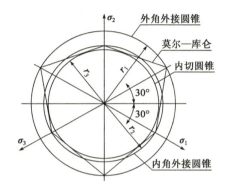

图 4-27 平面上的几种屈服准则的图形

(4) 流体力学模型

假设所有土层为饱和状态，各向同性流体模量 E 为 2000MPa，流体密度 ρ 为 1000kg/m³，孔隙率 n 为 0.5，渗透系数 k 为 2×10^{-7} cm/s，隧道开挖后为不渗水边界。

(5) 初始荷载条件

在 FLAC³ᴰ 平台上，三维模型的侧面及底面施加法向方向的约束，令模型在自重和孔隙水压力作用下平衡并生成初始应力场，清除节点变形后，模拟盾构隧道施工过程。暂时不对隧道上方的建(构)筑物进行模拟，通过对计算边界进行约束后计算出的应力—变形等云图如图 4-28 ~ 图 4-31 所示。

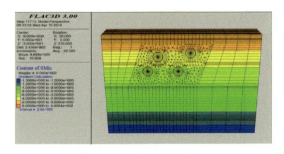

图 4-28 初始压力轴测图(单位：Pa)

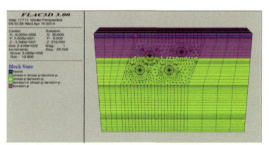

图 4-29 力学状态轴测图(弹—塑性)

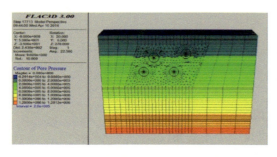 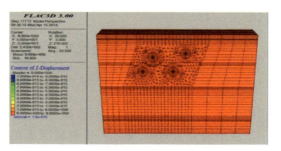

图 4-30 孔隙水压力轴测图(单位:Pa)　　　　图 4-31 土体沉降轴测图(单位:m)

4.5 隧道及土体变形分析

遵照施组中确定的施工顺序进行模拟计算,依次分析后行隧道对先行隧道的影响,包括管片变形、内力的变化及地层变形、应力的情况。模拟过程分为:①6 号线左线施工(工况1);②5 号线右线施工(工况2);③6 号线右线施工(工况3);④5 号线左线施工(工况4)。

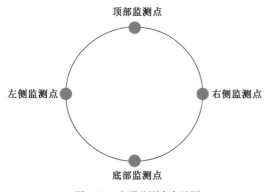

图 4-32 变形监测点布置图

如图 4-32 所示,模拟过程中沿隧道纵向取上、下、左、右四排观测点观察施工过程中隧道变形,其中上、下排观测竖向变形,左、右排观测水平变形。

考虑隧道掘进过程中的纵向影响距离为 36m 左右,计算过程中取一半进行计算,即内力观测值取在开挖方向的 18m 处。由于后行隧道施工对先行隧道受力影响较大,因此分别从弯矩、轴力、剪力分析结果中选取 4 处危险截面,记录选定断面的管片在不同工况下的内力变化。监测点布置依照危险截面分布而定,具体见各线隧道内力分析。

对四线交叉重叠处地表的沉降进行了模拟预测,利用有限元差分软件,建立三维地层—结构模型模拟地铁盾构隧道施工过程,根据地应力及地层位移变形计算结果,对施工控制中重点关注的地表沉降变化进行分析。并且采用随机场可靠度理论对沉降的位移进行可靠度指标分析,为盾构隧道施工控制和设计优化提供了理论依据。

4.5.1 土体总体竖向变形

由图 4-33~图 4-36 可知:工况 1 的最大竖向变形主要集中在 6 号线左线四周与上覆土层,达到 0.052m;工况 2~工况 4 的最大竖向变形主要集中在 5 号线顶部、底部和上覆土层,其中工况 4 达到最大值 0.067m。

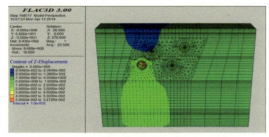

图 4-33　工况 1 竖向变形（$D_{max}=0.069$m）

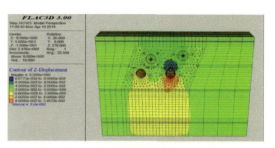

图 4-34　工况 2 竖向变形（$D_{max}=-0.078$m）

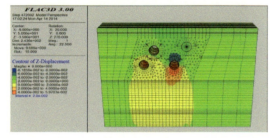

图 4-35　工况 3 竖向变形（$D_{max}=-0.066$m）

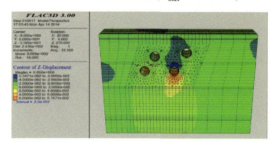

图 4-36　工况 4 竖向（$D_{max}=0.065$m）

4.5.2　6 号线左线隧道管片及土体变化分析

（1）土体变形分析

由图 4-37 和图 4-38 可知：隧道顶部的变形，在工况 1 时达到 0.052m，工况 2 时达到最大值 0.055m，工况 3、工况 4 时回弹至 0.047m。隧道底部的变形，工况 1 时竖向变形达到 0.041m，工况 2 时回弹至 0.038m，工况 3 时达到 0.045m，工况 4 时达到最大值 0.046m。隧道左侧的变形，工况 1 时横向变形达到 0.029m，工况 2 时回弹至 0.026m，工况 3 时达到 0.285m，工况 4 时达到最大值 0.030m。隧道右侧的变形，工况 1 时横向变形达到 0.028m，工况 2 时横向变形达到最大值 0.031m，工况 3 时横向变形回弹至 0.028m，工况 4 时横向变形回弹至 0.026m。

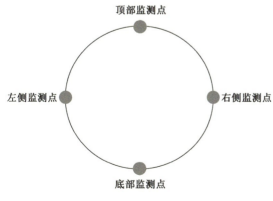

图 4-37　变形监测点布置

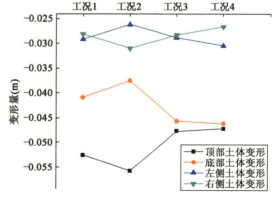

图 4-38　土体变形图

（2）土压力变化分析

土压力变化计算结果如图 4-39～图 4-41 所示。

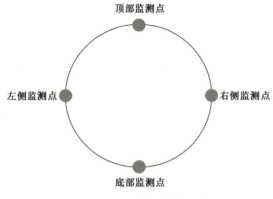

图 4-39　土压力监测点布置图

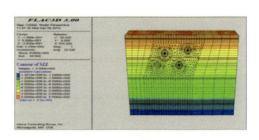

图 4-40　土体应力云图

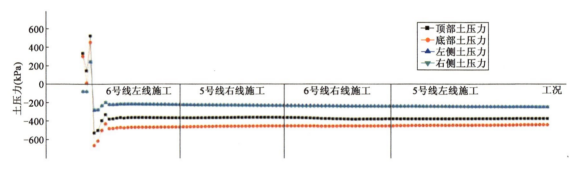

图 4-41　隧道土压力变化图

（3）管片变形分析

监测布置点如图 4-42 所示，管片变形计算结果如图 4-43～图 4-45 所示。

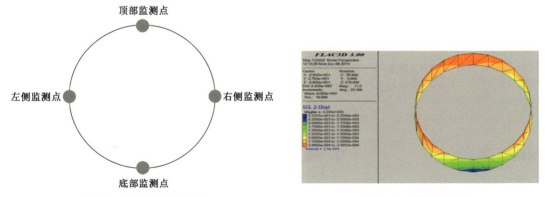

图 4-42　变形监测点布置图　　　　　　图 4-43　管片变形云图

（4）内力分析

由于后行隧道施工对先行隧道受力具有偏向作用，因此分别从弯矩、轴力、剪力分析结果中选取 4 处危险截面并记录内力变化情况。弯矩、轴力和剪力监测布置如图 4-46、图 4-47

所示,管片的弯矩、轴力和剪力计算结果如图4-48~图4-53所示。

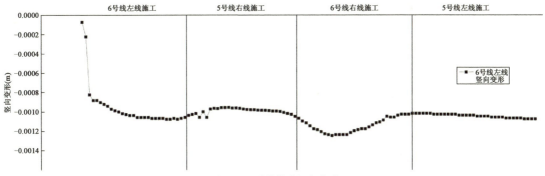

图4-44 隧道管片竖向变形

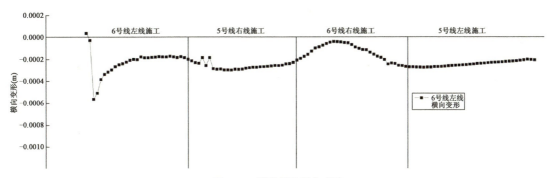

图4-45 隧道管片横向变形

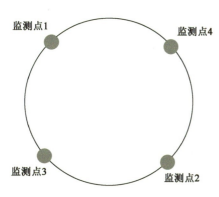

图4-46 弯矩、轴力监测布置图

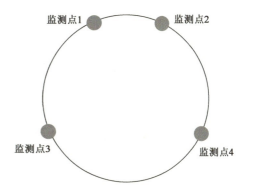

图4-47 剪力监测布置图

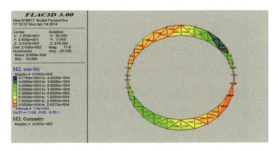

图4-48 管片弯矩图($M_{max} = -35$kN·m)

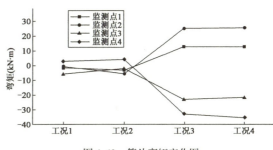

图4-49 管片弯矩变化图

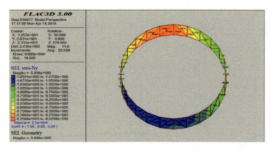

图 4-50 管片轴力图（$N_{max}=1092\text{kN}$）

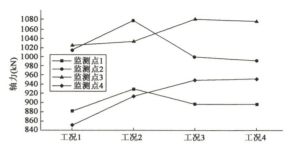

图 4-51 管片轴力变化图

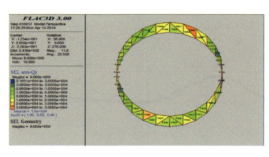

图 4-52 管片剪力图（$Q_{max}=37\text{kN}$）

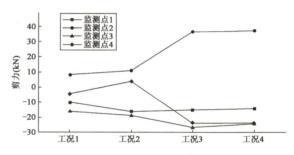

图 4-53 管片剪力变化图

观察监测点1处的弯矩状况：在工况1时达到了-1.5kN·m；工况2时达到了-3.1kN·m；工况3时出现了10.2kN·m的增量，达到了最大值13.3kN·m；工况4时减至12.9kN·m。观察监测点2处的弯矩状况：在工况1时达到了0.7kN·m；工况2时达到了-5.4kN·m；工况3时出现了19.9kN·m的增量，达到了25.4kN·m；工况4时达到了25.8kN·m。观察监测点3处的弯矩状况：在工况1时达到了-5.7kN·m；工况2时达到了-2.0kN·m；工况3时出现了21.1kN·m的增量，达到最大值-23.1kN·m；工况4时减至-21.7kN·m。观察监测点4处的弯矩状况：在工况1时达到3.2kN·m；工况2时达到了4.3kN·m；工况3时出现了28.5kN·m的增量，达到最大值-32.8kN·m；工况4时达到最大值-35.4kN·m。

观察监测点1处的轴力状况：在工况1时达到了880kN；工况2时达到最大值928kN；工况3、工况4时减至896kN。观察监测点2处的轴力状况：在工况1时达到了1014kN；工况2时达到最大值1077kN；工况3时减至999kN；工况4时减至991kN。观察监测点3处的轴力状况：在工况1时达到了1023kN；工况2时达到了1032kN；工况3时达到最大值1080kN；工况4时减至1076kN。观察监测点4处的轴力状况：在工况1时达到了850kN；工况2时达到了912kN；工况3时达到了947kN；工况4时达到了最大值951kN。

观察监测点1处的剪力状况：在工况1时达到了10.0kN；工况2时达到了最大值16.9kN；工况3时减至15.1kN；工况4时减至14.0kN。观察监测点2处的剪力状况：在工况1时达到了8.2kN；工况2时达到了10.9kN；工况3时出现了25.6kN的增量，达到36.5kN；工况4时达到最大值37.1kN。观察监测点3处的剪力状况：在工况1时达到了16.0kN；工况2时达到了18.6kN；工况3时达到了26.6kN；工况4时减至24.2kN。观察监测点4处的剪力状况：在工况1时达到了4.4kN；工况2时减至3.8kN；工况3、工况4时出现了19.8kN

的增量,达到最大值23.6kN。

4.5.3　5号线右线隧道管片及土体变化分析

(1) 土体变形分析

变形监测点布置如图4-54所示,土体变形如图4-55所示,观察隧道顶部的变形:在工况2时变形达到了最大值0.047m;工况3时回弹至0.041m;工况4时回弹至0.033m。观察隧道底部的变形:在工况2时变形达到了0.042m;工况3时达到了0.047m;工况4时达到了最大值0.055m。观察隧道左侧的变形:在工况2时变形达到了最大值0.033m;工况3时回弹至0.029m;工况4时达到0.031m。观察隧道右侧的变形:在工况2时变形达到了0.031m;工况3时达到了最大值0.033m;工况4时回弹至0.032m。

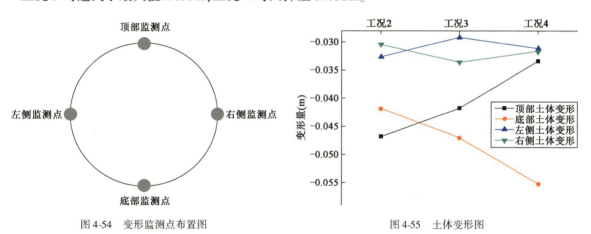

图4-54　变形监测点布置图　　图4-55　土体变形图

(2) 土压力变化分析

土压力监测点布置如图4-56所示,土压力变化计算结果如图4-57、图4-58所示。

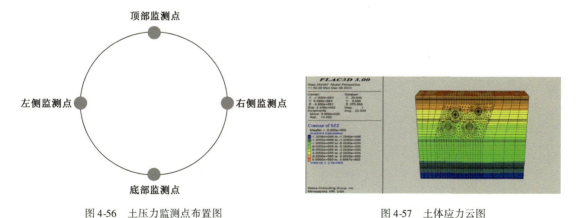

图4-56　土压力监测点布置图　　图4-57　土体应力云图

(3) 管片变形分析

管片变形监测点布置如图4-59所示,管片变形计算结果如图4-60~图4-62所示。

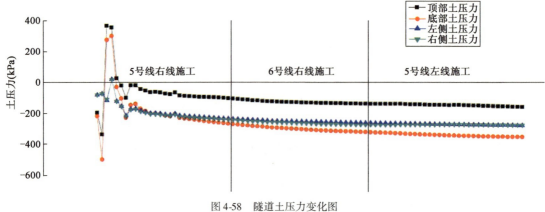

图 4-58 隧道土压力变化图

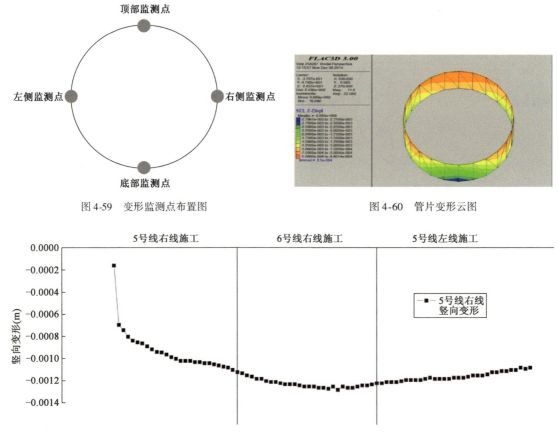

图 4-59 变形监测点布置图　　　　　图 4-60 管片变形云图

图 4-61 隧道管片竖向变形

(4) 内力分析

由于后行隧道施工对先行隧道受力具有偏向作用,因此分别从弯矩、轴力、剪力分析结果中选取 4 处危险截面并记录内力变化情况,弯矩、轴力和剪力监测布置如图 4-63、图 4-64 所示,管片的弯矩、轴力和剪力的计算结果如图 4-65 ~ 图 4-70 所示。

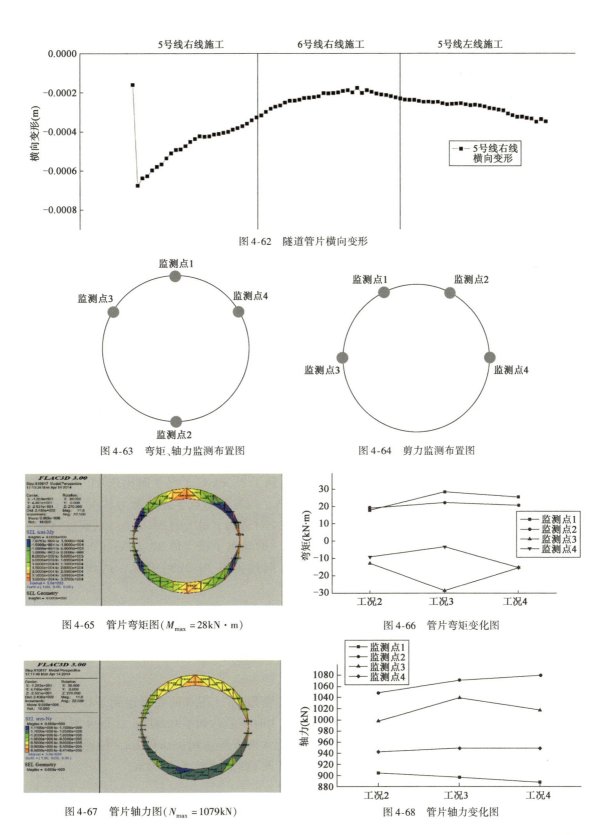

图 4-62　隧道管片横向变形

图 4-63　弯矩、轴力监测布置图

图 4-64　剪力监测布置图

图 4-65　管片弯矩图（$M_{max} = 28 \text{kN} \cdot \text{m}$）

图 4-66　管片弯矩变化图

图 4-67　管片轴力图（$N_{max} = 1079 \text{kN}$）

图 4-68　管片轴力变化图

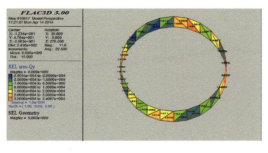 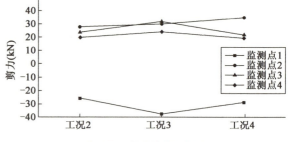

图 4-69　管片剪力图（$Q_{max}=37$kN）　　　　图 4-70　管片剪力变化图

观察监测点 1 处的弯矩状况：在工况 2 时达到了 17.8kN·m；工况 3 时出现了 10.4kN·m 的增量，达到了最大值 28.3kN·m；工况 4 时减至 25.3kN·m。观察监测点 2 处的弯矩状况：在工况 2 时达到了 18.9kN·m；工况 3 时达到了最大值 22.2kN·m；工况 4 时达到了 20.5kN·m。观察监测点 3 处的弯矩状况：在工况 2 时达到了 -12.7kN·m；工况 3 时出现了 15.7kN·m 的增量，达到了最大值 -28.4kN·m；工况 4 时减至 -15.1kN·m。观察监测点 4 处的弯矩状况：在工况 2 时达到了 -9.1kN·m；工况 3 时降至 -3.4kN·m；工况 4 时达到了最大值 -15.3kN·m。

观察监测点 1 处的轴力状况：在工况 2 时达到了最大值 903kN；工况 3 时减至 896kN；工况 4 时减至 887kN。观察监测点 2 处的轴力状况：在工况 2 时达到了 1048kN；工况 3 时达到了 1070kN；工况 4 时达到了最大值 1079kN。观察监测点 3 处的轴力状况：在工况 2 时达到了 997kN；工况 3 时达到了最大值 1039kN；工况 4 时减至 1017kN。观察监测点 4 处的轴力状况：在工况 2 时达到了 941kN；工况 3、工况 4 时达到了最大值 949kN。

观察监测点 1 处的剪力状况：在工况 2 时达到了 25.6kN；工况 3 时出现 11.9kN 的增量，达到了最大值 37.5kN；工况 4 时减至 28.6kN。观察监测点 2 处的剪力状况：在工况 2 时达到了 28.3kN；工况 3 时达到了 30.4kN；工况 4 时达到了最大值 35.2kN。观察监测点 3 处的剪力状况：在工况 2 时达到了 24.2kN；工况 3 时达到了最大值 32.1kN；工况 4 时减至 22.2kN。观察监测点 4 处的剪力状况：在工况 2 时达到了 20.3kN；工况 3 达到了最大值 24.3kN；工况 4 时减至 20.0kN。

4.5.4　6 号线右线隧道管片及土体变化分析

（1）变形分析

由图 4-71、图 4-72 可知：可以得到隧道顶部的变形，在工况 3 时变形达到了 0.032m，工况 4 时回弹至 0.030m。隧道底部的变形，在工况 3 时变形达到了 0.002m，工况 4 时达到了最大值 0.005m。隧道左侧的变形，在工况 3、工况 4 时变形达到了 0.002m。隧道右侧的变形，在工况 3 时变形达到了最大值 0.008m，工况 4 时达到了最大值 0.01m。

（2）土压力变化分析

土压力监测点布置如图 4-73 所示，土压力变化如图 4-74、图 4-75 所示。

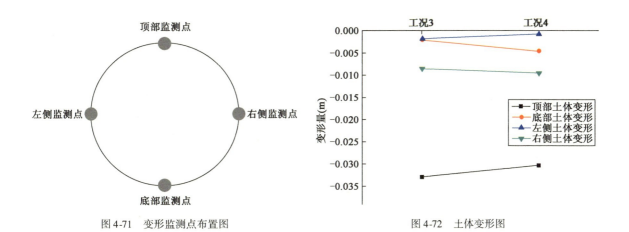

图 4-71　变形监测点布置图　　　　　　图 4-72　土体变形图

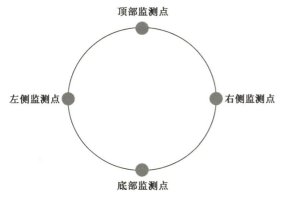

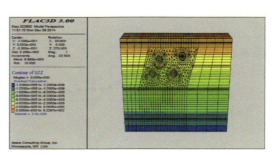

图 4-73　土压力监测点布置图　　　　　　图 4-74　土体应力云图

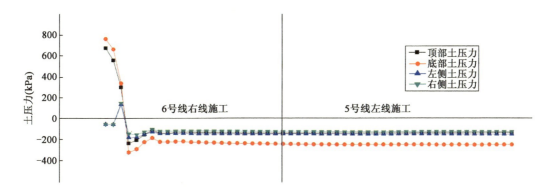

图 4-75　隧道土压力变化图

(3) 管片变形分析

管片变形监测点布置如图 4-76 所示,管片变形如图 4-77～图 4-79 所示。

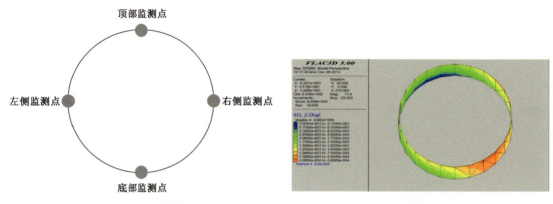

图 4-76 变形监测点布置图   图 4-77 管片变形云图

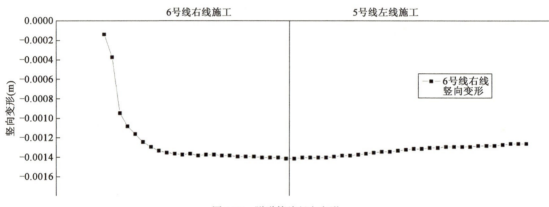

图 4-78 隧道管片竖向变形

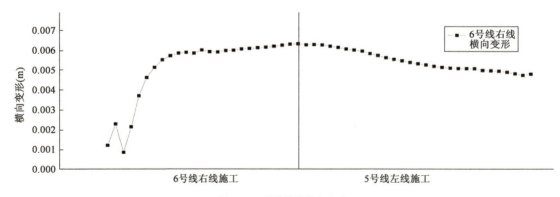

图 4-79 隧道管片横向变形

(4) 内力分析

由于后行隧道施工对先行隧道受力具有偏向作用,因此分别从弯矩、轴力、剪力分析结果中选取 4 处危险截面并记录内力变化情况,弯矩、轴力和剪力的监测布置如图 4-80、图 4-81 所示,管片的弯矩、轴力和剪力的计算结果如图 4-82 ~ 图 4-87 所示。

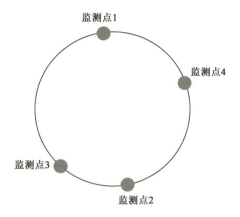
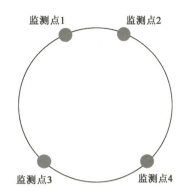

图 4-80　弯矩、轴力监测布置图　　　　　图 4-81　剪力监测布置图

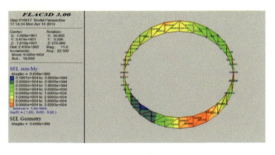
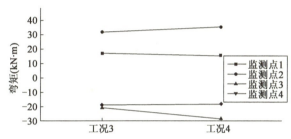

图 4-82　管片弯矩图（$M_{max}=36$kN·m）　　　图 4-83　管片弯矩变化图

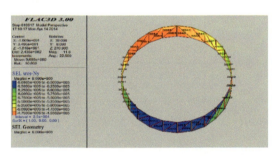
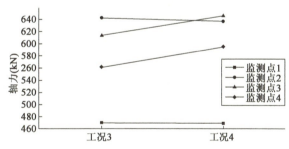

图 4-84　管片轴力图（$N_{max}=647$kN）　　　图 4-85　管片轴力变化图

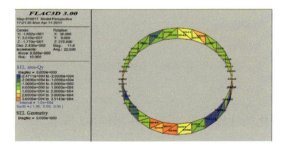
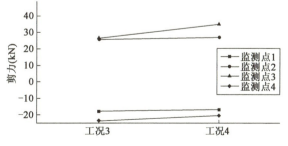

图 4-86　管片剪力图（$Q_{max}=35$kN）　　　图 4-87　管片剪力变化图

观察监测点 1 处的弯矩状况：在工况 3 时达到了最大值 17.5kN·m；工况 4 时减至 15.6kN·m。观察监测点 2 处的弯矩状况：在工况 3 时达到了 32.2kN·m；工况 4 时达到了最大值 35.8kN·m。观察监测点 3 处的弯矩状况：在工况 3 时达到了 -20.7kN·m；工况 4 时达到了最大值 -28.6kN·m。观察监测点 4 处的弯矩状况：在工况 3 时达到了最大值 -18.8kN·m；工况 4 时达到了 -18.2kN·m。

观察监测点 1 处的轴力状况：在工况 3、工况 4 时均为 470kN。观察监测点 2 处的轴力状况：在工况 3 时达到了 642kN；工况 4 时减至 638kN。观察监测点 3 处的轴力状况：在工况 3 时达到了 614kN；工况 4 时达到了 647kN。观察监测点 4 处的轴力状况：在工况 3 时达到了 562kN；工况 4 时达到了 595kN。

观察监测点 1 处的剪力状况：在工况 3 时达到了 17.9kN；工况 4 时减至 16.7kN。观察监测点 2 处的剪力状况：在工况 3 时达到了 25.7kN；工况 4 时达到了 27.1kN。观察监测点 3 处的剪力状况：在工况 3 时达到了 26.6kN；工况 4 时出现 8.4kN 的增值，达到了最大值 35.0kN。观察监测点 4 处的剪力状况：在工况 3 时达到了 23.7kN；工况 4 时减至 20.3kN。

4.5.5　5 号线左线隧道管片及土体变化分析

(1) 土体变形分析

如图 4-88、图 4-89 所示，隧道顶部的变形，在工况 4 时变形达到了 0.016m；隧道底部的变形，在工况 4 时变形达到了 0.004m；隧道左侧的变形，在工况 4 时变形达到了 0.004m；隧道右侧的变形，在工况 4 时变形达到了 0.007m。

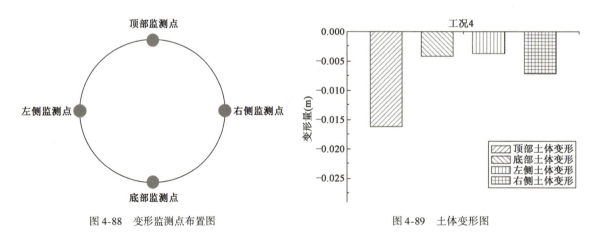

图 4-88　变形监测点布置图　　　　图 4-89　土体变形图

(2) 土压力变化分析

土压力监测点布置如图 4-90 所示，土压力变化的计算结果如图 4-91、图 4-92 所示。

(3) 管片变形分析

管片变形监测点布置如图 4-93 所示，管片变形计算结果如图 4-94 ~ 图 4-96 所示。

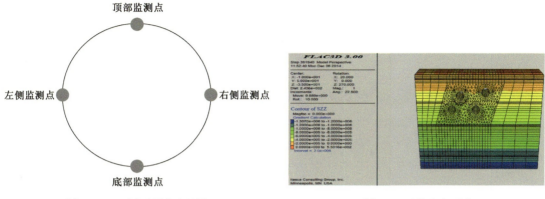

图 4-90　土压力监测点布置图　　　　　图 4-91　土体应力云图

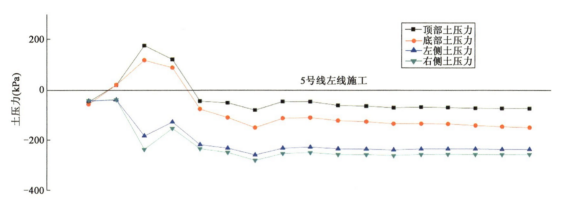

图 4-92　隧道土压力变化图

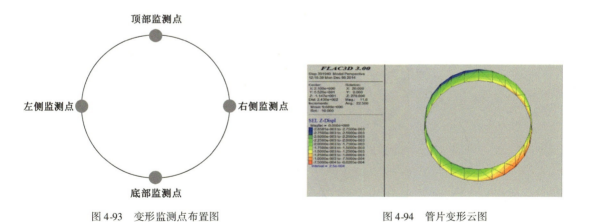

图 4-93　变形监测点布置图　　　　　　图 4-94　管片变形云图

(4) 内力分析

由于后行隧道施工对先行隧道受力具有偏向作用,因此分别从弯矩、轴力、剪力分析结果中选取 4 处危险截面并纪录内力变化情况,弯矩、轴力和剪力监测布置如图 4-97、图 4-98 所示,管片的弯矩、轴力和剪力的计算结果如图 4-99～图 4-104 所示。

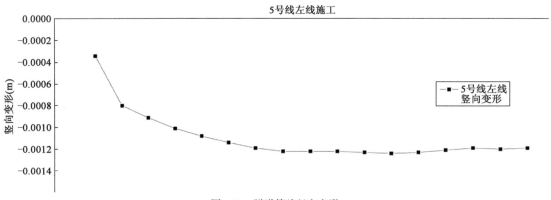

图 4-95　隧道管片竖向变形

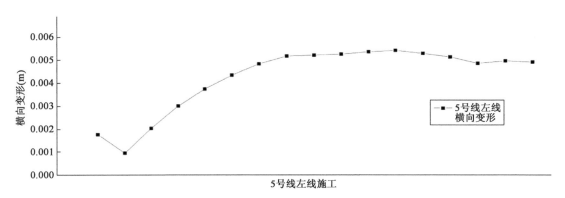

图 4-96　隧道管片横向变形

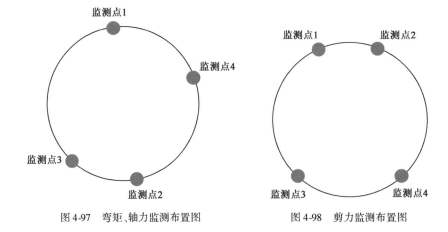

图 4-97　弯矩、轴力监测布置图　　　图 4-98　剪力监测布置图

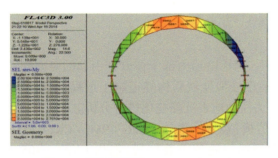

图 4-99　管片弯矩图（$M_{max} = -23$kN·m）

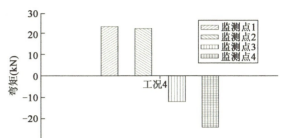

图 4-100　管片弯矩变化图

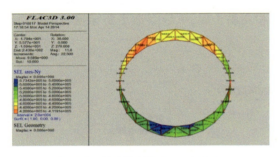

图 4-101　管片轴力图（$N_{max} = 537$kN）

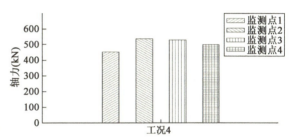

图 4-102　管片轴力变化图

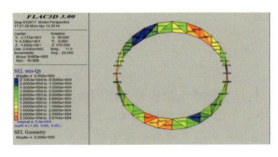

图 4-103　管片剪力图（$Q_{max} = 25$kN）

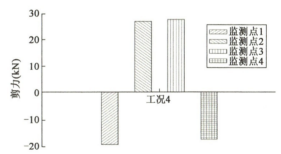

图 4-104　管片剪力变化图

观察监测点 1 处的弯矩状况：在工况 4 时达到了 23.0kN·m。观察监测点 2 处弯矩状况：工况 4 时达到了 22.0kN·m。观察监测点 3 处弯矩状况：工况 4 时达到了 -12kN·m。观察监测点 4 处弯矩状况：工况 4 时达到了 -24.0kN·m。

观察监测点 1 处的轴力状况：在工况 4 时达到了 452kN。观察监测点 2 处的轴力状况：在工况 4 时达到了 537kN。观察监测点 3 处的轴力状况：在工况 4 时达到了 530kN。观察监测点 4 处的轴力状况：在工况 4 时达到了 499kN。

观察监测点 1 处的剪力状况：在工况 4 时达到了 -18.4kN。观察监测点 2 处的剪力状况：在工况 4 时达到了 24.7kN。观察监测点 3 处的剪力状况：在工况 4 时达到了 25.3kN。观察监测点 4 处的剪力状况：在工况 4 时达到了 -16.6kN。

4.5.6　四线交叉重叠处地表沉降模拟预测

采用确定性岩土参数进行四线盾构隧道模拟。考虑隧道内部土体开挖引起的竖向卸荷效应,利用有限差分软件,建立三维地层—结构模型模拟地铁盾构隧道施工过程,根据地应力及地层位移变形计算结果,对施工控制中重点关注的地表沉降变化进行分析。

以环湖西站至宾馆西路站两个区间段为数值模拟对象,取出 CK26 + 941 ~ CK27 + 001 段作为模拟区间 1,长度为 60m,该区间段是典型四线隧道重叠区段;取出 CK27 + 405 ~ CK27 + 465 段作为模拟区间 2,该区间段 6 号线呈上下重叠、5 号线呈上下交错趋势,隧道间横纵向间距较小,风险性相对较高,长度为 60m,如图 4-105 所示。该区域沿线地层分布主要为天然沉积土,盾构机挖掘时上线隧道主要穿越粉质黏土层,下线隧道主要穿越粉土层,具体地层分布及力学参数见表 2-8。

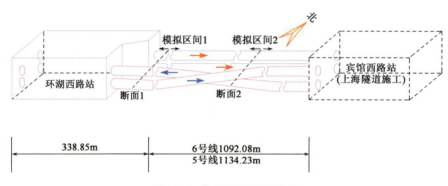

图 4-105　模拟区间范围示意图

1）盾构施工模拟

目前,在对盾构隧道施工过程进行数值模拟时,都会把整个过程分为不同阶段,即:土体开挖—盾构机壳支护—盾尾脱离—管片衬砌支护 4 个阶段,按照阶段 1~4 的顺序不断循环,完成整条隧道的施工模拟,模拟开挖过程如图 4-106 所示。模拟步骤如下:

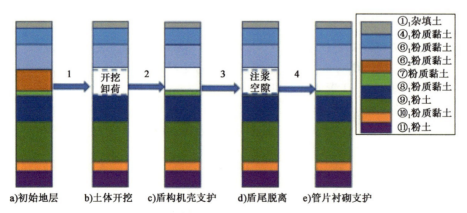

图 4-106　模拟开挖过程示意图

(1) 土体开挖：盾构机向前开挖 2m，使周围土层进入开挖卸荷状态。根据土压平衡原理，上部隧道掘进面支护应力近似取 150kPa，下部取 270kPa。

(2) 盾构机壳支护：经阶段 1 后，土体与盾构机壳间空隙完全闭合。盾构机壳成为临时支护，与地层相互作用，约束土体的连续变形。

(3) 盾尾脱离：衬砌脱离盾尾时，周围土体与管片支护施加前将产生临空面。需进行盾尾注浆以防止较大地层变形。假定盾尾空隙填充率为 80%，且为均匀环形空隙。

(4) 管片衬砌支护：盾构机对盾尾脱离后的区间隧道施加永久管片衬砌支护。衬砌管片与周围土体相互作用产生支护反力，组织土体的继续变形，直至地层达到平衡状态。

2）计算模型与参数

考虑隧道内部土体开挖引起的竖向卸荷，联合 ANSYS 和 FLAC^{3D} 建立三维地层—结构模型，考虑隧道开挖横向及纵向影响，区间 1 处的三维模型宽度取 80m，纵向取 60m，深度取 36m，如图 4-107 所示；区间 2 处为核心交叉区域，模型宽度为 100m，纵向取 60m，深度为 60m，如图 4-108 所示。4 条盾构隧道开挖直径均为 6.2m，环向超挖空隙层和扰动层为 0.2m，衬砌管片厚为 0.35m，盾构机壳厚度取 0.045m。

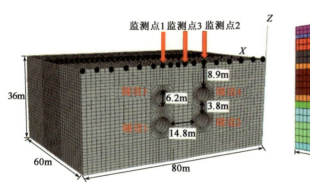 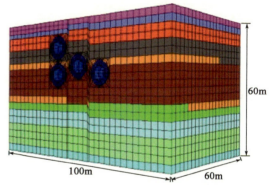

图 4-107　区间 1 三维地层—结构模型　　图 4-108　区间 2 三维地层—结构模型

土体本构关系采用 Mohr-Coulomb 理想弹塑性模型，混凝土材料及盾构机壳为线弹性材料，管片衬砌及盾构机壳材料参数详见表 2-3，土层物理力学参数取值见表 2-4。计算过程中假设所有土层为饱和状态，各向同性流体模量 E 为 2000MPa，流体密度 ρ 为 1000kg/m^3，孔隙率 n 取 0.5，隧道开挖后环向设为不渗水边界。

3）计算结果分析

(1) 模拟区间 1

将天津地铁 5 号线、6 号线 4 条隧道做编号处理：隧道 1 为 6 号线左线；隧道 2 为 5 号线右线；隧道 3 为 6 号线右线；隧道 4 为 5 号线左线。典型沉降监测点断面布置如图 4-1、图 4-3 所示。在初始地应力平衡后按照先下后上的顺序模拟，具体顺序为：隧道 1→隧道 2→隧道 3→隧道 4。根据计算云图显示，地表沉降槽主要集中在隧道 3、隧道 4 正上方及模型上方中心位置附近。该三处位置的地表沉降监测值见表 4-9。

地表沉降检测值（单位：mm） 表4-9

检测点	监测点1	监测点2	监测点3
隧道1施工	5.46	3.69	1.28
隧道2施工	6.80	7.65	6.77
隧道3施工	13.81	10.15	6.68
隧道4施工	13.90	12.42	12.96

隧道开挖所模拟的断面1竖向土压力及地表沉降情况如图4-109、图4-110所示，隧道模拟开挖纵向影响范围为40m左右，地表沉降横向影响范围约为60m，各工况最大沉降均集中在隧道3、隧道4地表上方附近。

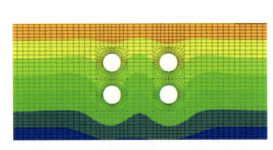

图4-109 竖向土压力云图

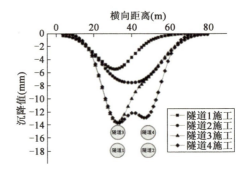

图4-110 地表沉降变化图

隧道1单独施工开挖引起的地表最大沉降量为5.6mm；隧道2开挖地表沉降逐渐增大，最大值达到7.6mm，沉降槽中心出现明显偏移，近似位于两开挖隧道之间；隧道3施工开挖，地表沉降显著增大，沉降曲线呈显著地单峰状，最大沉降值达到13.8mm；隧道4施工开挖后，地表沉降曲线由单峰状变位双峰状，最大沉降量达到13.9mm。模拟结果符合盾构区间重叠段地表沉降小于30mm控制要求。

（2）模拟区间2

模拟区间2是交叉重叠核心区域，5号线两隧道先呈上下重叠状，随着盾构推进相邻隧道相互错开，隧道轴心线逐渐呈水平状。将4条隧道按工况做编号处理：工况1为6号线左线施工；工况2为5号线右线施工；工况3为6号线右线施工；工况4为5号线左线。模拟隧道掘进顺序为：工况1→工况2→工况3→工况4。完成盾构隧道掘进模拟过程。隧道开挖地表横向剧烈影响范围约50m，各工况沉降最大值均集中在6号线右线附近。断面2的竖向土压力如图4-111所示，由数值计算结果的土体沉降云图所得出的具体沉降值如图4-112所示。

首先6号线左线单独开挖引起的地表最大沉降量为17.3mm，位于该隧道正上方；随后5号线右线开挖时，受后期沉降影响，地表沉降进一步增大，最大值达到30.1mm，沉降槽略微向右偏移；6号线右线开挖时，因5号线右线后期沉降影响，沉降槽中心出现明显右偏，地表沉降最大值达到34.7mm，而6号线右线上方出现了略微的回弹；最后5号线左线开挖使地表沉降值进一步增大，沉降量达到38.8mm，最终的地表沉降槽中心位于5号线左线正上方附近。模拟结果符合盾构区间交叉段地表沉降小于40mm控制要求。

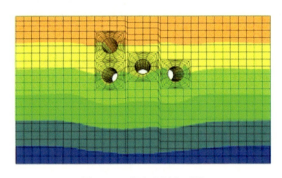

图 4-111 竖向土压力云图

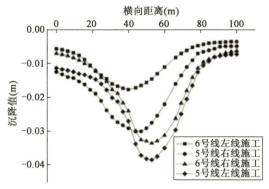

图 4-112 地表沉降变化图

4.5.7 随机场可靠指标分析

根据背景工程的资料,将岩土参数黏聚力、内摩擦角和压缩模量视为统计相关的随机场变量。基于随机(场)理论,分析浅埋盾构隧道施工引起地表沉降可靠指标的变化。

1) 随机场统计特征

上一节的模拟计算方法是从本质上考虑岩土参数变异性的作用,因此随机场的一阶矩直接取勘察数据的局部均值分布曲线,二阶矩按照公式(3-10)计算,取方差的厚度加权平均值。图 4-113 ~ 图 4-115 给出了 3 个岩土参数 $\mu_c(x_3)$、$\mu_\varphi(x_3)$、$\mu_{E_s}(x_3)$ 沿深度 x_3 变化的局部均值非连续曲线。土层弹性模量的均值近似按 4 倍压缩模量进行换算,且方差按照误差传播规律,也作相应的放大。

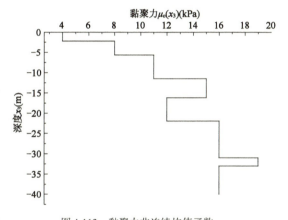

图 4-113 黏聚力非连续均值函数

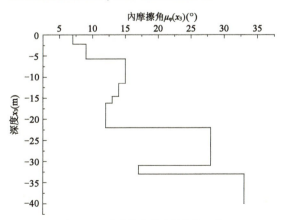

图 4-114 内摩擦角非连续均值函数

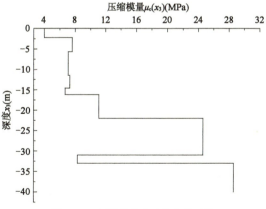

图 4-115 压缩模量非连续均值函数

现有岩土工程勘察报告除提供均值、方差、最大值和最小值以外,一般不提供随机场统计特征——变程和协方差等信息。因此,该部分数据主要来源于岩土参数空间变异性研究的文献调研。国内外学者曾做了大量的统计工作,最终令随机场水平方向上的两个变程相等,即 $a_1 = a_2$,竖向加权变程 a_3 取为 4m,变程比率取为 $\eta_3 = 0.1$。描述岩土参数黏聚力、内摩擦角和压缩模量之间协方差的相关系数 r 根据文献[31]获得。给定岩土参数的随机场统计特征见表 4-10。

随机场统计特征 表 4-10

岩土参数	均值 μ (x)	方差 σ^2	竖向变程 a_3 (m)	变程比率 η_3	相关系数 c(kPa)	相关系数 φ(°)	相关系数 E_s(MPa)
c(kPa)	$\mu_c(x_3)$	1.32	4.0	0.1	1.0	−0.5	−0.4
φ(°)	$\mu_\varphi(x_3)$	2.02	4.0	0.1	−0.5	1.0	0.4
E_s(MPa)	$\mu_{E_s}(x_3)$	1.52	4.0	0.1	−0.4	0.4	1.0

2)随机场模拟

(1)数值计算模型

计算的模型为图 4-2 中四线交叉重叠段。在 FLAC^{3D} 平台上,建立三维地层—结构数值计算模型,模型纵向取 2m。考虑到隧道开挖的潜在影响范围,模型宽度取 80m,深度取 36m,如图 4-116 所示。

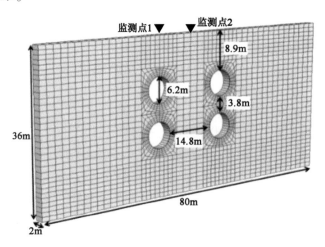

图 4-116 简化三维地层—结构模型

根据土层特性,岩土材料本构关系采用 Mohr-Coulomb 理想弹塑性模型。混凝土材料及盾构机壳为线弹性材料,力学参数详见表 2-4。考虑开挖卸荷效应,将施工过程具体划分为 4 个模拟阶段:土体开挖、盾构机壳支护、盾尾脱离和管片衬砌支护。一次开挖土体 2m,假定盾尾空隙的未填充率为 80%,且为均匀环形空隙。

(2)模拟结果

控制单条盾构隧道施工引起的地表沉降量为 10mm,四线盾构隧道施工引起的地表沉降量为 20mm。选择黄色监测预警值参与计算,即 $v_{\max}^{(1)} = 7\text{mm}$,$v_{\max}^{(4)} = 15\text{mm}$。经典 Monte-Carlo

算法在失效概率 $P_f = 10^{-3}$ 时,模拟次数为 10 万次。计算耗时 24d10h(6 核 FLAC^{3D} 程序并行,电脑配置:i7-4790CPU@3.6GHz)。数值计算所需的离散随机场如图 4-117～图 4-119 所示。

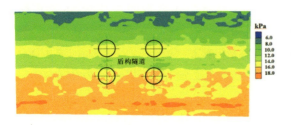

图 4-117　黏聚力 c 各向异性随机场

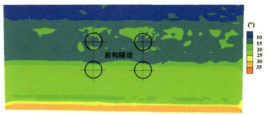

图 4-118　内摩擦角 φ 各向异性随机场

经 1 万次的随机模拟,单线、四线盾构隧道施工引起的地表最大沉降值如图 4-120、图 4-121 所示。其中,单线施工地表沉降均值 5.88mm,最大沉降值大于 7mm 共 387 次,失效概率为 $P_f = 0.004$,经计算得到可靠指标为 $\beta = 2.66$。四线施工地表沉降均值 13.85mm,最大沉降值超出 15mm 共 710 次,失效概率为 $P_f = 0.007$,地表沉降可靠指标为 $\beta = 2.45$。

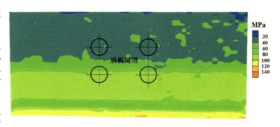

图 4-119　弹性模量 E 各向异性随机场

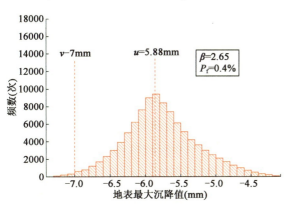

图 4-120　单线施工地表最大沉降直方图

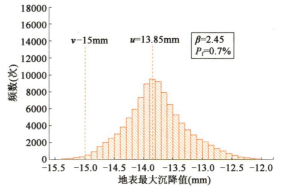

图 4-121　四线施工地表最大沉降直方图

在两种工况下,子集模拟参数取值一致:$P_0 = 0.1, N = 500$。在同样的计算机配置下,当失效概率 $P_f = 10^{-3}$ 时,所需的子集模拟次数为 1850 次,计算耗时 11h,用时耗比仅为 2%。其中,单线施工地表最大沉降值大于 7mm 的失效概率为 $P_f = 0.005$,相应的可靠指标为 $\beta = 2.58$。四线施工地表最大沉降值超出 15mm 的失效概率为 $P_f = 0.006$,地表沉降可靠指标为 $\beta = 2.51$。与经典 Monte-Carlo 算法相比,可靠指标相对误差在 3% 以内。

(3)可靠指标对比分析

表 4-11 是随机变量响应面算法与随机场变量经典 Monte-Carlo 算法的对比。单线推进引起的最大沉降均值分别为 5.88mm 和 5.46mm。四线推进引起的最大沉降均值分别为

13.85mm 和 13.90mm。当单线地表沉降最大值取 $v_{\max}^{(1)}=7$mm 时，基于经典随机理论计算的失效概率为 $P_\mathrm{f}=0.029$，基于随机场理论计算的失效概率为 $P_\mathrm{f}=0.004$。当四线推进引起的最大沉降报警值取 $v_{\max}^{(4)}=15$mm 时，基于经典随机理论计算的失效概率为 $P_\mathrm{f}=0.045$，而基于随机场特性的失效概率为 $P_\mathrm{f}=0.007$；采用随机场理论描述岩土参数的变异性，可靠指标 β 提高 0.76。

不同随机理论假定的可靠指标对比　　　　表 4-11

控制指标	隧道推进状态	随机变量	随机场变量
$v_{\max}^{(1)}=7$mm	单线最大沉降预测平均值	5.46mm	5.88mm
	失效概率（可靠指标）	$P_\mathrm{f}=0.029(\beta=1.91)$	$P_\mathrm{f}=0.004(\beta=2.65)$
$v_{\max}^{(4)}=15$mm	四线最大沉降预测平均值	13.90mm	13.85mm
	失效概率（可靠指标）	$P_\mathrm{f}=0.045(\beta=1.69)$	$P_\mathrm{f}=0.007(\beta=2.45)$

4.6 结论分析

（1）根据地层—结构模型计算结果，盾构隧道管片内的弯矩、剪力值普遍低于荷载—结构模型计算结果，但是在同一数量级上，说明二者的计算结果可以相互印证，并且说明隧道结构安全性能够得到保证。底部盾构隧道沉降最大值约为 0.055m，底鼓最大值约为 0.055m，左、右侧变形约为 0.03m。上部隧道的变形值略小于底部隧道的变形值，但规律一致。后行隧道对先行隧道的变形影响主要呈"牵引发展"的趋势。

（2）核心交叉段四线盾构隧道横向沉降槽影响范围为单边 50~60m，沉降最大值为 0.023m，随着后行隧道的牵引作用，峰值点位置略有变动。根据管片内力、隧道和地表变形数据，需加强隧道结构顶部、拱肩、拱腰、拱底的压力、应力和变形收敛监测，地表沉降点应重点关注沉降槽内的周边建筑。

（3）由于隧道的注浆加固区厚度已经达到 2.5m，推进顺序无大的优化可能，计算值可以作为临界值使用。随机场理论得到更精确的可靠指标，为盾构隧道施工控制和设计优化提供了理论依据。对四线交叉重叠处地表沉降进行模拟，并使用随机场可靠度指标进行分析，结果可靠。

（4）隧道单独开挖时地表呈现凹槽沉降，沉降最大值在各自隧道轴线的正上方。整体地表沉降也呈槽形沉降，随着四线开挖后，断面 1 地表沉降曲线由单峰状变为双峰状。断面 2 沉降槽逐渐向右偏移，交叉段地表沉降值远大于重叠段地表沉降值。

（5）上部隧道开挖会引起下部隧道上浮，随着两隧道中心线距离的进一步拉大，隧道开挖所引起的地表沉降值会相应减小，其影响范围不会增大。若开挖隧道与既有已隧道水平距离过近，将会引起既有隧道向新建隧道方向的位移。

（6）将随机（场）理论应用于天津地铁 5 号线、6 号线交叠盾构隧道的地层—结构力学分析,获得了以下结论:局部均值方法是建立多个非平稳土层统一岩土参数随机场的充分条件,协同序贯高斯离散化算法能够考虑随机场统计特征和条件数据,高效离散统计相关的多元岩土参数随机场。经典 Monte-Carlo 随机模拟方法需要过大的计算代价,而子集 Monte-Carlo 随机模拟算法大幅度地提高了计算效率,并通过各向异性变异函数描述岩土参数的空间统计特征。

第 5 章

交叉重叠段盾构隧道施工关键技术

Key Technologies for Construction of Cross-overlapping Twisted Shield Tunnel Groups

Key Technologies for Construction of Cross-overlapping Twisted Shield Tunnel Groups

第5章 交叉重叠段盾构隧道施工关键技术

交叉重叠段盾构隧道施工具有较大的风险,在盾构机始发与掘进过程中会对周边土体产生剧烈扰动,重叠隧道间的相互影响也较大,施工过程中如控制不当,容易发生安全事故并造成重大经济损失。本章结合天津市地铁5号线、6号线文化中心1标交叉重叠段隧道的工程实例,通过三维数值模拟分析,从隧道端头井加固技术,始发、接收新技术,交叠段注浆加固控制技术,重叠段移动钢拱台车技术应用以及特殊地层掘进技术等方面进行交叉重叠段盾构隧道掘进技术的研究。

5.1 端头井加固技术

端头井加固是盾构始发、到达技术的一个重要组成部分,端头井加固的成功失败直接影响到盾构隧道是否安全始发、到达。而盾构始发、到达是最容易发生事故的,端头井加固的失败又是造成事故多发的最主要原因。因此,合理选择端头井加固施工工法,是保证盾构法顺利施工非常重要的环节。本节介绍目前盾构隧道施工中常用的端头加固技术,并对它们各自的加固机理及特点进行阐述,为盾构隧道端头井加固技术的选取提供借鉴。

5.1.1 概述

盾构隧道的始发与接收是盾构施工中风险最大的环节,最容易发生工程事故,其原因大部分是由于围岩不稳定所致,端头井土体加固的成功与否直接关系到盾构机能否安全始发、接收,确保盾构隧道的始发、接收时端头井的加固质量是减少或防止盾构施工风险的关键。天津地区为富水、软弱地层,地下水十分丰富。因此,为确保端头井加固质量,根据端头井的埋深、水文地质和周边环境情况分别采用三重管双高压旋喷注浆、全方位高压喷射注浆(Metro Jet System,MJS)工法和水平冻结工艺对始发、接收端头井进行加固。其工艺原理如下:

三重管高压旋喷注浆首先利用地质钻机引孔,使用带有水、浆、气三种介质的三重注浆管。三重管以高压泵产生20MPa以上的高压水和0.7MPa左右压缩空气形成的复合射流喷射冲切土体,形成较大的空腔,再由泥浆泵注入压力为2~5MPa的水泥浆液填充,喷嘴可做旋喷和提升,部分细小的土体颗粒随着浆液冒出水面,其余土粒在喷射流的冲击力、离心力和重力等作用下与浆液搅拌混合,凝固后便在地层中形成固结体。最后便在土中凝固为圆柱状固结体。三重管双高压旋喷是在三重管高压旋喷注浆的工艺基础上,对施工机具配置进行改装,从而提高浆液的压力至30MPa左右。并使水压、浆压均以高压射流状态进行两次切削破坏土层,第一次是上段的高压水和压缩空气形成复合射流对土体进行切割破碎,第二次是高压浆液和压缩空气形成的复合射流对土体进行二次扩大切割破碎,通过两种高压喷射流体重复切割土体,既增加了切削深度,又增大了固结体的直径。该技术是两重管法和三重管法的结合,也是双重管法复喷的简化手段。

MJS 工法又称全方位高压喷射工法,最初是为了解决水平旋喷施工中的排浆和环境影响问题而研制出来的,之后由于其独特优势和工程需要,又应用到倾斜和垂直施工上。MJS 工法在传统高压喷射注浆工艺的基础上,采用独特的多孔管和前端强制吸浆装置。多管由高压水管、高压水泥浆管、压缩空气管、废浆排放管、孔内压力测试管等多根管组成。施工过程中,当测压传感器测得的孔内压力较高时,可以控制吸浆孔的开启大小,调节泥浆排出量以达到控制土体内压力的目的。大幅度减小对环境的影响,避免出现挤土效应,也就大大减少了地基加固施工中出现地表变形、建筑物开裂、构筑物位移等现象的发生。从而实现了孔内强制排浆和地内压力监测,并通过调整强制排浆量来控制地内压力,大幅度减少对环境的影响,而地内压力的降低也进一步保证了成桩直径。

5.1.2 三轴搅拌桩施工

1) 工法确定背景

5 号线环体区间左右线始发、接收端头井;6 号线环宾区间右线(上部隧道)始发、接收端头;6 号线水环区间左右线始发端头井选用 ϕ850mm@600mm 三轴搅拌桩 + 两排 ϕ800mm@600mm 三重管双高压旋喷桩进行土体加固,加固范围为盾构上下、左右各 3m。该工法具有较好的经济性,但对超深和粉土、粉砂地层加固效果较差。选取三轴搅拌及三重管双高压旋喷工法进行加固的几个端头井具备以下特点:端头井地质为软弱地层、且大部分为粉土和粉质黏土,地层透水性差、加固范围内周围无建筑物及管线影响,地面具备加固条件。

2) 三轴搅拌桩施工工艺及施工方法

(1) 施工工艺流程

三轴搅拌桩施工工艺流程如图 5-1 所示。

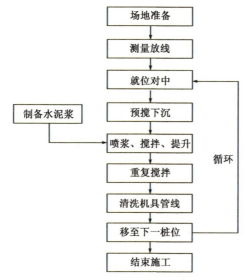

图 5-1 三轴搅拌桩施工工艺流程

（2）施工方法

考虑端头井加固深度较深，对加固效果要求较高，先施工搅拌桩再施工高压旋喷桩封边止水，在进行图5-2所示的顺序①施工时搅拌桩采用四搅两喷套打形式，进行顺序②施工时采用四搅两喷咬合形式。四搅两喷特指在下行隧道上下3m范围，其余范围采用两搅一喷形式。搅拌桩搅拌顺序如图5-3所示。施工工艺参数见表5-1。

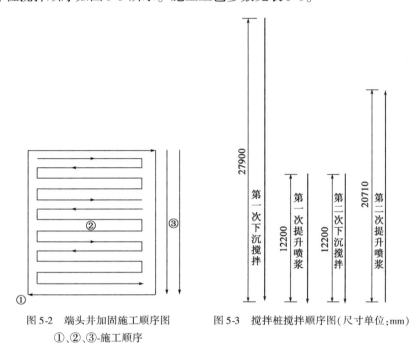

图5-2 端头井加固施工顺序图
①、②、③-施工顺序

图5-3 搅拌桩搅拌顺序图（尺寸单位：mm）

三轴搅拌桩施工参数参考表　　　表5-1

序 号	项 目	技 术 参 数
1	水泥掺量（%）	20
2	水灰比	1.5
3	注浆压力（MPa）	1.5~2.5
4	下沉速度（m/min）	<0.8
5	提升速度（m/min）	<1.6
6	28d无限抗压强度（MPa）	1.0~2.0
7	渗透系数（cm/s）	$<10^{-7}$
8	桩径（mm）	850
9	间距（mm）	600

3）三重管双高压旋喷施工工艺及施工方法

（1）施工工艺流程

三重管双高压旋喷施工工艺流程如图5-4所示。

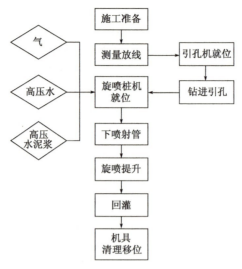

图 5-4 三重管双高压旋喷桩施工工艺流程

(2) 施工方法

为了成桩效果,三重管双高压旋喷桩采用跳孔方式施工,间隔 3~5 孔,同时保证在水泥土初凝之前施工相邻桩;旋喷桩施工过程中将会产生 40% 左右的返浆量,需将废浆液引入沉淀池中,沉淀后的清水根据场地条件可进行无公害排放。施工工艺参数见表 5-2。

三重管双高压旋喷桩施工参数参考表　　表 5-2

序　号	项　　目		技　术　参　数
1	压缩空气	气压(MPa)	0.5~0.7
		气量(m³/min)	0.5~2
2	水	压力(MPa)	30~32
		流量(L/min)	60~80
		喷嘴直径(mm)	2~3.2
3	水泥浆	压力(MPa)	25~30
		流量(L/min)	80~120
4	水灰比		1:1.5
5	提升速度(cm/min)		5~10
6	旋转速度(r/min)		11~14

5.1.3　三轴搅拌及 MJS

1) 工法确定背景

5 号线环宾区间右线始发端头井、左线接收端头井(肿瘤医院端头)采用了 ϕ850mm@600mm 三轴搅拌桩+单排 ϕ1600mm@800mm MJS 工法进行土体加固,加固范围为盾构隧道上下、左右各 3m。该端头井受管线及场地的影响,加固长度仅有 8m,且加固深度达 30m,采用三轴搅拌 + 高压旋喷桩工法无法保证加固效果。MJS 工法施工单价较高,但其对周边环境及地基扰动影响极其微小;对较深的地基加固效果好,且能避开管线 360°施工,加固桩径可自由选择。因此该项目经充分评估后采取三轴搅拌 + MJS 工法对该区段进行加固。

2) MJS 工法施工工艺及施工方法

MJS 工法在传统高压喷射注浆工艺的基础上,采用了独特的多孔管和前端造成装置,实现了孔内强制排浆和地内压力监测;通过调整强制排浆量控制地内压力,能有效控制由于喷射搅拌而产生的地表变形,大幅度减小对周边环境的不利影响。MJS 工法施工工艺和设备情况如图 5-5 ~ 图 5-9 所示。

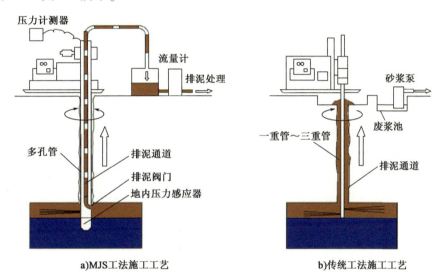

图 5-5 MJS 工法与传统高压旋喷注浆工艺原理对比示意图

图 5-6 高压喷射端口

图 5-7 地内压力感应器

(1) 施工工艺流程

MJS 施工工艺流程如图 5-10 所示。

(2) MJS 施工方法

采用隔 1 打 1 顺序施工,如图 5-11 所示。图中数字为施工顺序号。

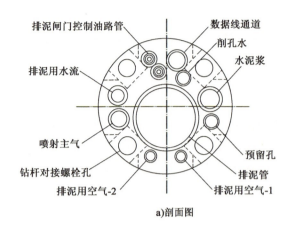

图 5-8　多孔管

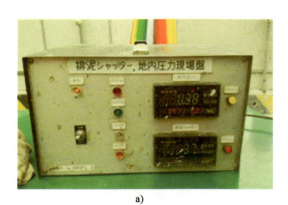
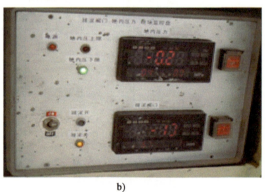

图 5-9　地内压力监视器

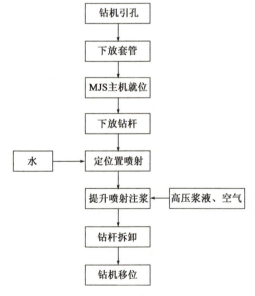

图 5-10　MJS 施工工艺流程图

图 5-11　MJS 施工顺序图

施工技术参数见表5-3。

MJS 施工参数表　　　　　表5-3

序号	项目	参数	序号	项目	参数
1	桩径(mm)	2600	9	削孔水压力(MPa)	10~30
2	水灰比	1:1	10	垂直度误差	≤1/200
3	水泥浆压力(MPa)	40(±2)	11	提升速度(m/min)	60
4	水泥浆浆液流量(L/min)	95~105	12	步距行程(cm)	2.5
5	主空气压力(MPa)	0.7~1.2	13	步距提升时间(s)	90
6	主空气流量(m³/min)	3~7	14	转速(r/min)	3~4
7	倒吸水压力(MPa)	0~20	15	地内压力(系数)	1.3~1.6
8	倒吸水流量(L/min)	0~60	16	水泥掺量(%)	40

5.1.4 水平冻结及混凝土明洞

1) 工法确定背景

6号线水环区间左右线接收端头井(水上东路站端头)采用了水平冻结+混凝土明洞方式工法。该端头井地质为富水、软弱地层；部分施工管线无法切改；端头井近邻天津市奥林匹克体育馆，对环境污染控制要求高，同时近邻城市主干道和住宅楼，对施工安全风险控制要求高；该端头井受全运会复路影响，盾构井位置已采用盖板形式进行封闭，并进行复路施工，不具备地面加固及吊装条件，鉴于以上情况该端头井选取了水平冻结+混凝土明洞方式进行加固。

2) 水平冻结施工工艺和施工方法

(1) 施工工艺

冻结站安装与钻孔施工同时进行，钻孔施工结束即可转入冻结器安装阶段；然后再对土体进行加固冻结运转。施工工艺流程如图5-12所示。

(2) 冻结参数设定

① 冻结参数设定

设计冻结壁平均温度为-10℃，冻土抗压强度$\sigma_压$不小于3.6MPa，抗拉强度$\sigma_拉$不小于1.8MPa，抗剪强度$\tau_剪$不小于1.5MPa。冻结加固体在盾构隧道接收破壁时，起到抵御水土压力、防止土层塌

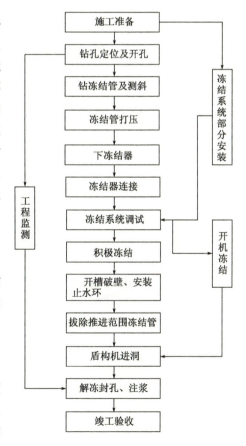

图5-12 水平冻结施工工艺流程图

落和泥水涌入工作井的作用。

②水平冻结孔设置

根据设计冻结壁厚度和槽壁厚度,每个洞门水平冻结孔布置见表5-4。

水上公园东路站盾构接收冻结孔布置参数表(单个洞门) 表5-4

项　目	圈径(mm)	孔数(个)	孔间距(mm)	孔深(m)	进入土体(m)
A圈	7500	31	760	10.6	9
B圈	5100	14	1144	3.8	3
C圈	2700	7	1212	3.8	3
D圈	0	1	0	3.8	3
合计	—	53	—	22	—

③测温孔布置

为准确掌握冻结温度场变化情况,在每圈冻结孔最大终孔间距界面处布置测温孔,水平冻结各布置8个测温孔:外圈3个孔,内圈5个孔。用来监测冻结壁厚度、冻结壁平均温度、冻结壁与槽壁交界面温度和冻结情况,孔布置见表5-5。

测温孔布置表(单个洞门) 表5-5

孔　号	孔深(mm)	与地下连续墙夹角(°)	钢管规格(mm)
T1	6600	90	φ32×3
T2	3800	90	φ32×3
T3	3800	90	φ32×3
T4	3800	90	φ32×3
T5	6600	90	φ32×3
T6	6600	90	φ32×3
T7	3800	90	φ32×3
T8	3800	90	φ32×3
合计	38800	—	—

④冻结加固主要技术参数

冻结施工主要技术参数见表5-6。

盾构隧道接收冻结施工主要技术参数表(单个洞门) 表5-6

序号	参数名称	单位	数　量	备　注
1	单根冻结管长度	m	10.6/3.8	
2	冻结壁设计有效厚度	m	1.2/3.0	
3	冻结壁设计平均温度	℃	≤-10	
4	冻结壁交圈时间	d	15~18	
5	积极冻结时间	d	30	
6	外圈冻结孔个数/深度(A圈)	个/m	31/10.6	
7	中圈冻结孔个数/深度(B圈+C圈)	个/m	21/3.8	

续上表

序号	参数名称	单位	数量	备注
8	内圈冻结孔个数/深度（D圈）	个/m	1/3.8	
9	测温孔个数/深度	个/m	5/6.6(3/3.8)	
10	冻结孔开孔间距	mm	0.76～1.212	
11	水平冻结孔最大偏斜值	mm	≤150	
12	设计最低盐水温度	℃	－28～－30	冻结7d盐水温度降至－20℃以下
13	单孔盐水流量	m³/h	2～3	
14	冻结管规格	mm	$\phi89\times8$	20低碳钢无缝钢管
15	测温管规格	mm	$\phi89\times8$	20低碳钢无缝钢管
16	孔口管规格	mm	$\phi108\times6$	20低碳钢无缝钢管
17	冻结孔总长度	m	412.2	
18	测温孔总长度	m	44.4	
19	工况需冷量	kcal/h	4.3万	

3）明洞施工

侧墙及板钢筋施工前，需先进行植筋，植筋工艺必须满足《混凝土结构后锚固技术规程》（JGJ/45—2013）。侧墙主筋采用HRB400ϕ25@150mm，分布筋采用HRB400ϕ20@150mm，拉筋采用HRB400ϕ12@300mm×300mm梅花形布置；板主筋采用HRB400ϕ20@150mm双层双向布置，拉筋采用HRB400ϕ12@300mm×300mm梅花形布置。钢筋接头采用单面搭接焊焊接，接头焊接长度不小于10d（d为钢筋直径）。

5.2 盾构始发与接收

随着盾构施工技术的进步，盾构法越来越多地被国内地铁界所接受，但盾构始发与接收过程中出现问题的概率很高，即使是非常有经验的施工单位也经常会发生工程事故。本标段的始发、接收端头井均处于富水、软弱地层，为了有效减少始发时涌水涌砂的风险，所有负二层始发均采用外延钢箱始发；负三层始发、接收均采用钢护筒始发。外延钢箱原理为在原有洞门钢圈外侧增加一圈钢箱，并在钢箱外侧再设置一道橡胶帘布形成两道橡胶帘布防水，同时当盾构机进入钢箱位置后，钢箱与盾构机可形成一密闭箱体，通过向钢箱内注入止水材料来进行辅助防水。钢护筒始发工作原理是将盾构机放入密闭的钢箱内，通过负环管片与钢箱使盾构在始发前已处于密闭状态，可杜绝始发时发生涌水涌砂现象，但由于盾构始发时已处于密闭箱体内，人员无法直接在盾构机上进行操作，采用此工法需特别注意盾构机防扭转和管片脱出盾尾后下掉的问题。本节重点介绍盾构始发与接收的技术问题。

5.2.1 始发防突涌装置的应用

1）外延钢箱安装

为确保始发安全,在原有洞门密封止水装置加固措施基础上增加一层帘布橡胶板,并采用钢箱加固,形成双层帘布橡胶板后始发,外侧预留安装插板位置,防止前道洞门密封装置失效时可以再次进行处理。钢箱沿隧道方向伸出结构墙外 30cm,采用 1cm 厚钢板焊接成型。同时在外延钢箱上设置 6 个注浆球阀,如图 5-13 所示。

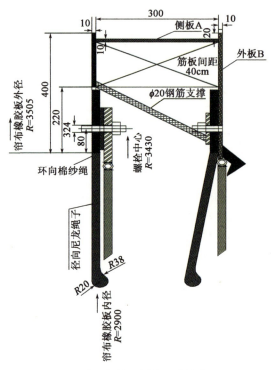

图 5-13 外延钢箱示意图(尺寸单位:mm)

2）外延钢箱注浆封闭

始发洞门破除完成后,盾构机开始负环掘进,当刀盘抵达加固土体时暂时停止掘进,向外延钢箱内注入惰性浆液,使外延钢箱达到密封效果。注浆完成后盾构恢复掘进,并在掘进工程中持续补充浆液。

(1)注浆工艺流程

拌制浆液→使用 $\phi50\text{mm}/\phi20\text{mm}$ 变截面接头接在钢箱上→填充注浆→填充完成→随着盾构始发补充浆液。

(2)注浆材料配比

根据天津地区同类地质条件下的施工经验,同步注浆浆液需达到以下技术指标:稠度为 10.5~11.5cm,初凝时间为 16~24h,泌水率不大于 25mL,7d 抗压强度不小于 0.15MPa,28d

抗压强度不小于0.5MPa；密度大于1.8g/cm³。我们根据以往的施工经验,采用了如表5-7所示的基准配合比。

材料配比表　　　　　　　　　　　　　表5-7

膨润土(kg/m³)	粉煤(kg/m³)	细砂(kg/m³)	水(kg/m³)	稠度(cm)	密度(g/cm³)
71.5	430	890	340	9.8~10.3	1.79

5.2.2　全密闭式钢套筒始发技术应用

(1) 钢护筒安装

盾构井区域清理干净后,根据盾构井底板与隧道底的高差实测数据确定始发平台的位置和高度。始发平台安装完成后用工字钢对始发平台进行加固。先行安装下半部钢护筒,并在钢护筒内部焊接定位钢轨。然后进行盾构机吊装,并在钢护筒内进行组装,最后进行上半部钢护筒的安装,钢护筒通过螺栓与洞门钢圈连接。钢护筒每块圆弧钢板之间采用M24×120mm螺栓连接,在拼缝处螺栓内部安装5mm止水条。钢护筒安装完成后利用工字钢和车站既有结构对钢护筒进行加固,如图5-14所示。

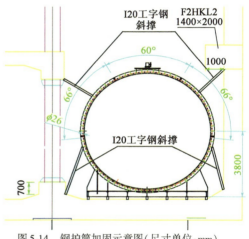

图5-14　钢护筒加固示意图(尺寸单位:mm)

(2) 防负环管片下掉措施

在负环脱出盾构后管片与套筒之间理论上会形成间隙,因此容易出现负环管片下掉现象,影响后续推进。因此在负环管片下部三片负环上吊装孔的位置设置三根螺杆支撑,将负环管片支撑稳定,如图5-15所示。

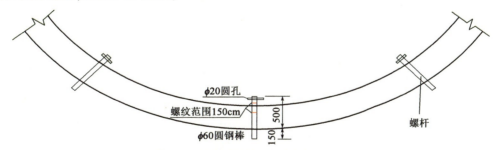

图5-15　支撑钢棒示意图(尺寸单位:mm)

(3) 钢护筒封闭弧形钢板

钢护筒尾部的管片背部提前预埋钢板,负环管片安装完成后,用2cm厚弧形钢板将套筒尾部与负环管片外弧面预埋钢板进行焊接,然后在钢护筒尾部与反力架之间用工字钢进行支持加固,如图5-16所示。

图 5-16　封闭弧形钢板,加固反力架

(4)防盾构机扭转措施

盾构始发前为防止盾构机扭转,在洞门破除完成后向钢护筒内注入惰性浆液,其配合比见表 5-8。盾构机在始发掘进过程中要密切注意旋转角度,及时通过调整刀盘转向控制盾构机旋转。

惰性浆液配比表　　　　　　　　　　表 5-8

膨润土(kg/m³)	粉煤灰(kg/m³)	细砂(kg/m³)	水(kg/m³)	稠度(cm)	密度(g/cm³)
71.5	430	890	340	9.8~10.3	1.79

(5)始发掘进,在洞门处注入双液浆封堵洞门

确定惰性浆液完全填充满钢护筒后,开始正式掘进,当拼装完 +8 环管片以后,开始封闭洞门。

5.2.3　全密闭式钢套筒接收技术应用

(1)施工工艺流程

钢护筒接收工艺流程为:盾构接收端头井土体加固→钢护筒基座施工→钢护筒定位安装→盾构推进至接收端头井→地连墙破除→钢护筒内填入填料→钢护筒封闭→盾构机穿过加固区进入钢护筒→盾尾及管片外双液注浆加固→检查止水效果→隧道管片与洞门钢圈用钢板焊接封闭→钢护筒上半部拆除→回填料清理→盾构机拆除→钢护筒拆除→完成全部接收工作。

(2)钢护筒安装

盾构接收井区域清理干净后,根据盾构井底板与隧道底的高差实测数据确定接收平台的位置和高度。接收平台安装完成后用工字钢对接收平台进行加固,然后进行钢护筒的安装,钢护筒通过螺栓与洞门钢圈连接。钢护筒每块圆弧钢板之间采用 M24×120mm 螺栓连接,在拼缝处螺栓内部安装 5mm 止水条。钢护筒安装完成后利用工字钢和车站既有结构对钢护筒进行加固,如图 5-17 所示。

(3)钢护筒回填

钢护筒安装完成,且洞门破除完成后向钢护筒内注入低标号砂浆。为防止盾构机"磕

头",盾构机下部回填 M10 砂浆,其余位置回填 M1.5 砂浆。

图 5-17　钢护筒接收示意图

5.3 交叠段注浆加固控制技术

重叠段隧道后施隧道会引起已完隧道产生变形,为减少后施隧道对先施隧道的影响和加强隧道的稳定性,减少管片工后沉降,对重叠段的隧道进行注浆加固。加固后的土体应具有良好的均匀性和较小的渗透系数,而普通的壁后注浆技术很难保证注浆的均匀性和饱满性,这就需要从管片设计和注浆工艺等方面进行技术攻关。本节重点介绍交叠段注浆加固控制技术。

5.3.1　注浆加固范围

所有重叠段盾构周圈 3m 范围内土体进行二次注浆加固,如图 5-18 所示。

5.3.2　管片针对性设计

重叠段区域混凝土管片加设 10 个注浆孔,加上原先的 6 个吊装孔,每环管片共设计 16 个注浆孔,如图 5-19 所示。

5.3.3　重叠段注浆加固技术

(1)注浆材料

重叠线段注浆加固采用双液浆,初凝时间控制在 30~60s,体积收缩率小于 5%。所用水泥强度等级为 P·O42.5 级,水玻璃为 35°;水灰比为 0.5~0.6,可根据地层情况做适当调整。暂定 1m³ 浆液配比(重量比),见表 5-9。

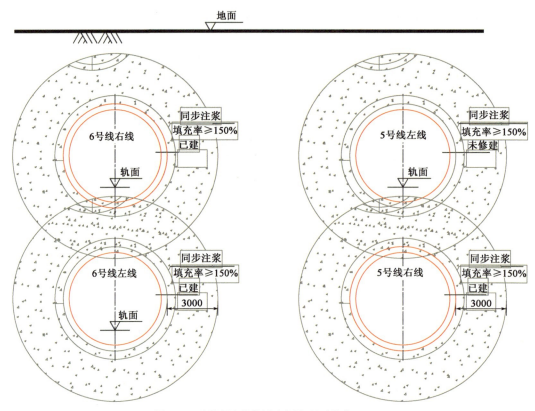

图 5-18 叠线段注浆范围示意图(尺寸单位:mm)

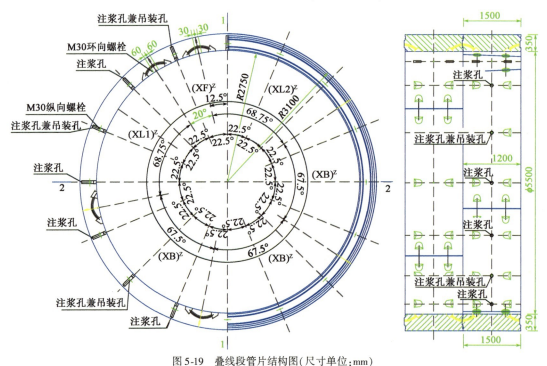

图 5-19 叠线段管片结构图(尺寸单位:mm)

双液注浆浆液配比（1m³） 表5-9

A液(kg)		B液(35°)(kg)
水	水泥(P·O42.5)	水玻璃(体积百分比)
650	1100	30%

（2）注浆工艺

注浆设备选用海纳泵，注浆管喷口开口孔径5mm，同一截面开口数量不少于4个。注浆泵配备注浆压力计注浆流量计等准确计量仪表，注浆孔口设置防喷装置，注浆管及输浆管路应定期进行清洗，以防止堵塞。隧道腰部以下采用打拔管注双液浆，施工工艺流程如图5-20所示。

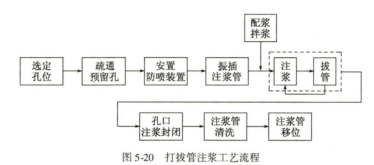

图5-20 打拔管注浆工艺流程

5.4 重叠段移动钢拱台车技术应用

根据建模计算结果，上部隧道施工时需要在下部隧道架设钢支撑，其原设计为采用临时钢支撑（图5-21），但此工法施工时间长、材料消耗多、且在架设临时钢支撑的过程中很难保证下部隧道的正常掘进施工，因此经研究后决定采用移动式钢支撑，其应具备以下功能：

（1）可利用轨道自行行走，减少操作人员及时间。

（2）可移动式支撑可密贴管片，且支撑轴力可调节。

（3）可移动式支撑应不影响电瓶车运输材料、不影响人行走道板、管路、风管的敷设。

（4）可移动式支撑长度应满足上部隧道通过时影响范围的要求。

（5）其支撑轴力应可根据监测数据实施操控。

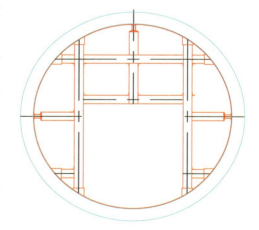

图5-21 临时钢支撑示意图

5.4.1 台车设计与制作

按照可移动式钢支撑的功能要求,进行移动式支撑台车的设计与加工。制作的可移动式钢支撑可保证重叠段隧道上部隧道与下部隧道同时施工,且上部隧道施工与下部隧道施工同时进行互不干扰,如图5-22、图5-23所示。钢拱台车设计净空高度和宽度能够保证有轨运输车通行;整机行走采用液压驱动,顶部支撑橡胶滚轮采用全液压操纵,利用液压支撑液压缸支(收)液压锁锁定。在保证足够的刚度和强度的条件下,尽量使结构简单化以减轻设备重量。

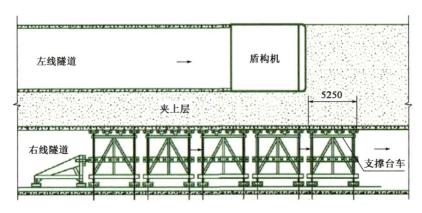

图 5-22　上部隧道施工时钢拱台车支撑示意图(尺寸单位:mm)

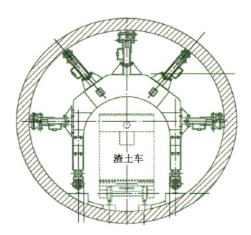

图 5-23　钢拱台车支撑横断面图

5.4.2 移动式支撑台车使用

当上部隧道盾构机到达重叠段前30m范围时在下部隧道设置移动式支撑台车,如图5-24所示。直至上部隧道盾构机驶出重叠段后60m范围。其使用步骤如下:

(1) 首先按照台架轨距在隧道既有轨两侧纵向间距 1500mm 布置枕木,并安装 43kg/m 钢轨,用丝杆将枕木支撑好。

(2) 同步支撑台架主架安装就绪,在利用橡胶轮升降液压缸将支撑点安装就位,然后利用丝杆对支撑杆进行局部调整,让支撑橡胶轮和混凝土管片尽量贴合,并预加一定外力,保证每个截面 5 个支撑橡胶轮与管片形成一个封闭的整环,从而对混凝土管片进行保护。

(3) 随着上部隧道盾构机掘进时,操作液压顶推液压缸系统,实现自行移动,满足支撑效果。

图 5-24　钢拱台车支撑隧道示意图

(4) 待盾构机继续掘进时,重复步骤(3),让支撑台车交替向前移动。

5.5　克泥效沉降控制技术

经前期建模计算,区间沿线最终理论沉降达 43mm,超出设计及规范要求,因此必须采用措施控制盾构机掘进对周边的影响。除采取常规控制土仓压力、出土量、注浆量并及时进行二次注浆等常规措施外,还采用在盾构机中体注入一种新型材料(克泥效)的方法,以减小盾构上方的沉降。

克泥效(RTAW8NGRX)是从日本引进的一种新型材料,其原理是将黏土与强塑剂以一定的比例混合后,瞬间形成高黏度不会硬化的可塑性黏土(黏度可通过改变两液配合比的方式调整)。穿越建筑物群时利用盾构机中体预留的注浆孔注入克泥效,填充开挖面与盾构机之间的空隙,以减小盾构机上方的沉降。

穿越老旧建筑物群时,为确保建筑物的安全,控制盾构机正上方的沉降,掘进过程中利用盾构机中体预留的注浆孔注入克泥效。克泥效黏土与强塑剂以一定的比例(具体比例根据不同地层进行适当调整)混合后,瞬间形成有变化性的可塑性黏土添加材料,该材料具有一定防水性和流塑性,且可以进行软硬调整,注入时采用可实时控制压力专业设备,如图 5-25 所示。在水量过多时添加可以防止喷发,并可控制盾构机上方的沉降;同时在盾构机外周注入克泥效,使得地层造成的夹紧力和摩擦力减小,从而降低盾构机的推力。

通过注入克泥效和不注入克泥效地层沉降数据的对比可发现,注入克泥效可有效减少盾构机上方的沉降降低 10~15mm,如图 5-26 所示。

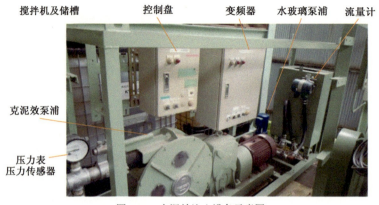

图 5-25 克泥效注入设备示意图

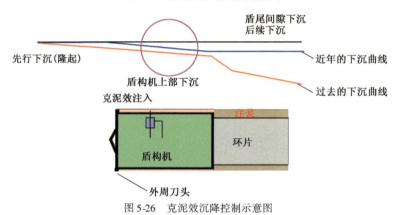

图 5-26 克泥效沉降控制示意图

5.6 同步注浆改良技术

天津地区均为富水、软弱地层,盾构机在此地层中掘进对同步注浆质量要求极高,如控制不当极易引起地面沉降过大、管片位置上浮进而引起管片错台和破损,因此盾构掘进全过程均需遵守"不注浆、不掘进"原则,采用水泥砂浆同步注浆。注浆时采用双泵四管路(四注入点)对称同时注浆。同步注浆如图 5-27 所示,同步注浆配比见表 5-10。

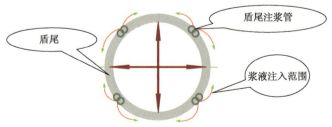

图 5-27 同步注浆示意图

砂浆施工配合比   表5-10

水泥(kg/m³)	膨润土(kg/m³)	粉煤灰(kg/m³)	细砂(kg/m³)	水(kg/m³)	稠度(cm)	密度(g/cm³)
120	71.5	430	780	340	9.8~10.3	1.79

盾构掘进过程中在盾尾后8环位置每隔5环及时进行二次注浆,以减小工后沉降,后期监控测量数据及时对沉降偏大位置进行二次注浆。二次注浆采用双液浆作为注浆材料,注浆配比见表5-11。

双液浆浆液配比表   表5-11

浆液名称	水玻璃	水灰比	稳定剂	减水剂	A、B液混合体积比
双液浆	35°Be′	0.8~1.0	2%~6%	0~1.5%	1:1~1:0.3

5.7 后期规划地铁线预加固技术

后期规划地铁线(7号线)预加固技术是在城市地铁隧道施工中,为了保证围岩的稳定性而所采取的辅助措施。国内外实践经验表明:预加固技术起着至关重要的作用。本节从预加固技术的机械设备、人员计划、技术、现场准备,以及技术要求等方面来进行阐述。

5.7.1 工程概况

肿瘤医院站为天津市河西区卫津南路与宾水道交口处,因规划地铁7号线需下穿6号线水环区间、5号线环体区间,后期规划7号线施工时,对已运营的6号线水环区间、5号线环体区间存在扰动现象,故需对规划7号线范围进行加固。受场地及管线限制,采用MJS工法进行加固。MJS大直径旋喷桩直径为2600mm,桩底埋深27.294m,有效桩长18.529m,360°全圆中心间距3000mm,桩数量110根,如图5-28所示。

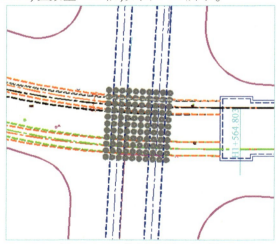

图5-28 MJS旋喷加固平面布置图

5.7.2 机械设备

本次施工采用 MJS 全液压可旋转式地基改良设备,设备包含主机 2 台、SG-150SV 注浆泵 3 台(1 台备用)、SG-75SV 注浆泵 3 台(1 台备用)、空压机 2 台。

5.7.3 人员计划

MJS 加固施工人员投入计划见表 5-12 所示。

施工作业人员计划(单位:人) 表 5-12

岗 位	工班数	每班人数	合 计
管理	2	1	2
主机操作员	2	2	4
高压泵操作	2	6	12
装配人员	2	3	6
引孔	2	3	6
电工及维修	1	2	2
电焊工	1	2	2
文明施工	2	2	4
合计	14	21	38

5.7.4 技术准备

(1)开工前应根据甲方提供的有关设计图纸,组织施工管理人员(包括班组长)熟悉图纸、施工规范,操作规程,做好有关技术、质量、安全交底;指定专人做好特殊材料的抽样送检工作;指定专人做好各工种的原始施工记录和隐蔽验收记录。

(2)尽快准备图纸交底与会审,再进行设计资料学习。组织有关施工人员详细阅读施工图,充分了解设计图意,核对图纸接点和尺寸,然后由项目工程师组织会审,分析并汇总施工图中的问题,以便按工程特点和合同要求组织施工。

(3)等待技术方案完成审批。等技术交底后,在充分了解施工图的基础上,由技术负责人牵头,对各岗位人员进行安全和技术交底,作业班组操作人员也要全部参加。做好技术交底记录,保存好签字后的交底记录。

5.7.5 现场准备

(1)场地布置

将施工场地进行平整,以满足施工需要。在开工前先根据现场的实际情况和设备进场数量及文明施工要求来进行合理的施工平面布置。施工作业区要求"三通一平",即水通、电通、路通和场地平整。设备的摆放场地要合理选择,既要考虑施工车辆出入、材料进场及废浆外运的方便性,又要考虑不影响自己和其他单位的正常施工,还要充分考虑接电、接水的方便性。

为了防止管内堵塞,应尽量减少各管路的长度,因此,施工泥浆管和水管要尽可能的短,泵和泵之间的排列要合理,以方便泵的连续操作。MJS工法施工排泥浆量大,需提前准备好足够的泥浆储存池。泥浆储存池的布置:根据MJS工法施工进度,每台每天完成18.529m^3,单桩方量约98.5m^3,排浆量约是单桩方量的1.3倍,2台设备施工约为260m^3,因水泥浆不可直接外运,排出的浆需等凝固后挖出土方,因此施工时需设置2个260m^3左右的泥浆储存池,并且需有一块不少于300m^3的堆土场地。

(2)水电准备

按要求布置好供水、供电、排水、排浆设施。根据实际需要,现场供水水源不小于9m^3/h,2台设备施工用电不低于700kW。

(3)材料准备

施工现场须备好、备足施工所用的原材料和易损易坏的机械配件。水泥的供应商必须是具有国家或当地建筑业管理办公室颁发备案证明的供应商。使用的水泥必须符合有关规定并备有质量证明单、化验单,水泥进场时需提供质量保证书、产品合格证、3d及28d强度报告证明书。现场用散装水泥拌浆系统则按500t水泥为一个检验批,及时将水泥送实验室进行检测,检测合格后方可使用。水泥浆需进行处理,避免颗粒物造成管路堵塞。

5.7.6 技术要求

根据MJS协会资料标准在喷射压力40MPa情况下有效直径见表5-13,在深度超过30m时有效直径减少300mm。

MJS参数控制表 表5-13

土质	砂质土					黏性土			
	$N<15$	$15\leq N<30$	$30\leq N<50$	$50\leq N<70$	$N\geq 70$	$N<10$	$10\leq N<30$	$30\leq N<50$	$50\leq N$
标准直径(mm)	2800	2600	2400	2200	需试验	2600	2400	2200	需试验
提升速度(m/min)	40					40			

注:N为旋喷柱注浆压力(kN)。

根据上述要求,本工程实际地质情况的C值均在14~32之间,N值在15~30之间,有效桩径在2400mm以上,本工程有效直径仅需2600mm,因此对喷浆的参数做了调整。

(1)有效桩径:MJS成桩有效直径是根据土层地质情况及施工条件决定的,喷射时间及压力是根据地质物理特性参数确定,MJS工法设计单桩有效直径为2600 mm。

(2)提升速度:拔起速度 60min/m。
(3)配合比:水:水泥 = 1:1。
(4)注浆压力:40MPa(±2)。
(5)主空气压力:0.7~1.2MPa。
(6)主空气流:3~7m/min。
(7)地内压力:1.0~2.0MPa。
(8)成桩垂直度误差:≤1/200。
(9)水泥掺入量:不少于40%。
(10)浆液流量:95~105L/min。

5.7.7 施工流程

1)引孔

用 GYQ-200 钻机预先在成桩位置进行引孔,减少削孔时间,避免障碍物对 MJS 钻头的损伤和影响垂直度。引孔直径不小于180mm,引孔深度超过桩底0.5m 以上,以满足 MJS 工法施工的范围需要。采用膨润土泥浆护壁提高引孔质量的方法,对上部空孔部位则根据地质情况如容易出现塌孔的宜埋入护壁钢管或 PVC 管支撑孔壁。

根据本工程的地质情况,拟采用膨润土泥浆,考虑地面以下不同程度有地下管线,防止MJS 工法施工时对周边管线的影响,在地面以下3m 至孔口范围埋设 PVC 管保护管线。

(1)泥浆指标

泥浆配比根据地质条件和成孔过程中地面沉降控制要求确定,泥浆性能指标应符合以下规定。

①新配泥浆指标:密度 1.05~1.10g/cm³;黏度 30~35s(漏斗黏度);失水量<30mL/30min;pH 值 8~9。为达到所需的密度指标,必要时适当加入外加剂。外加剂加入量膨润土10~12%;纯碱0~0.5%;CMC0~0.05%。

②循环泥浆指标:密度 1.05~1.20g/cm³;黏度 30~40s(漏斗黏度);失水量<30mL/30min;含砂率<7%;pH 值 8~10。

(2)技术要点

①泥浆搅拌严格按照操作规程和配合比要求进行,新拌制的泥浆应储存24h 以上,使膨润土充分水化后方可使用。

②在成孔施工中,泥浆会受到各种因素的影响而降低质量,为确保护壁质量,应对置换后的泥浆进行测试,对不符合要求的泥浆进行处理,直至各项指标符合要求后方可使用。

③对严重污染及超比重的泥浆作废浆处理,用全封闭运浆车运到指定地点,保证城市环境清洁。

④严格控制泥浆的液位,保证泥浆液位在地下水位以上1m,且不低于地面以下0.3m。若液位下落,应及时补浆,以防塌方。

2）成桩施工

(1) 机具就位

用枕木搭设施工平台,将机器摆放平整,定位,调整水平。钻头和地内压力监测显示器连接,确认在钻头无荷载的情况下清零。

(2) 贯入多孔管

启动机器,将多孔管连接贯入事先引好的钻孔中。

(3) 喷射注浆

按照要求参数进行成桩施工,施工时密切监测地内压力,压力不正常时,必须及时调整。当提升一根钻杆后,对钻杆进行拆卸,注意在拆卸钻杆的过程中,认真检查密封圈和数据线的情况,检查是否损坏、地内压力显示是否正常。如有问题及时排除。拆卸钻杆后,需及时对钻杆进行冲洗及保养。

(4) 出泥

由于 MJS 工法出泥量较多,需挖设专用泥浆储存池,待隔天固结后挖机挖出池内固结水泥土晾干,运输到指定的弃土点处理。泥浆储存池分为两仓,每仓容积为日完成工程量的1.5 倍;还需一个临时堆土场容积为日完成量的1.3 倍。本工程日完成量约 260m³,因此需设置两个 300m³ 泥浆储存池和一个 300m³ 临时堆土场才能满足本工程 2 台 MJS 施工的进度要求。

(5) 拔管

边喷浆边提升钻杆,提升速度要按照计算要求。在拆换钻杆时,必须按照操作要求进行。拆除和安装必须迅速准确,以节约时间和提高效率,保证施工质量。

(6) 冲洗

每节管拆卸后必须进行冲洗,摆放在清洁位置,保证管路通畅。

5.8 特殊地层掘进技术

随着城市化进程的加快,盾构隧道建设呈现蓬勃发展的趋势,在盾构隧道建设过程中,会遇到各种复杂地层,本节具体介绍在掘进过程中遇到的各种复杂地层所在采取的施工措施。

5.8.1 盾构侧穿建筑物和下穿管线段施工

1）工程概况

5 号线环体区间隧道纵向上方有混凝土 DN500 雨污合流管,埋深 2.98m,距离隧道顶最小竖向距离为 8.2m;混凝土 DN300 污水管,埋深 2m,距离隧道顶最小竖向距离为 9.2m;中水玻璃钢 DN600,埋深 1.41m,距离隧道顶最小竖向距离为 9.8m。

5 号线环宾区间隧道侧穿市教育招生考试中心一栋 5 层建筑,最小水平距离 1.6m;侧穿育贤里六层建筑,最小水平距离 7.8m;侧穿市热力公司一层建筑,最小水平距离 0.9m。主要沿区间纵向上方管线有:混凝土 DN400 污水管,埋深 3.21m,距离结构顶最小 7.2m;混凝土 DN500 污水管,埋深 3.57m,距结构顶最小 6.8m;混凝土 DN1000 雨水管,埋深为 3.06m,距结构顶最小 7.3m,输水管:铸铁 DN1200SP 管,埋深为 0.95m,距结构顶最小 11.1m。

6 号线环宾区间侧穿环湖南里、宾水北里建筑物地上 4～6 层,距离隧道最小净距为 4.3m。区间隧道上方管线埋深较大的为污水管和雨水管,主要沿区间纵向上方管线有:混凝土 DN800 雨水管,埋深 2.5m,距离隧道顶最小竖向距离为 5.3m,最小水平距离为 13m;混凝土 DN300 污水管埋深 3m,距离隧道顶最小竖向距离为 4.8m,最小水平距离为 15m。

6 号线水环区间隧道侧穿宾水西道北侧 3 栋建筑物,距离隧道最小净距为 11m。区间隧道上方管线众多,主要沿区间纵向上方有:混凝土 DN500 污水管,埋深 3.11m,距离隧道顶最小竖向距离为 5.1m;混凝土 DN500 污水管,埋深 2.28m,距离隧道顶最小竖向距离为 9.7m;混凝土 DN400 雨水管,埋深 1.21m,距离隧道顶最小竖向距离为 7.0m。

2）主要施工控制措施

(1)在盾构机通过建筑物、地下管线之前,要对其进行全面检查和保养,杜绝在穿越过程中出现由于设备故障而引起被动停机。

(2)严格控制土仓压力,根据地层情况设定好土压和出土量,保持土压平衡模式掘进。

(3)每一环掘进时严格控制出土量,防止超挖造成地层损失。

(4)严格规范同步注浆操作,以注浆压力和注浆量进行双控保证环形间隙填充质量。特殊地段浆液改为快硬性注浆料,使管片衬砌尽早支撑地层,减少施工过程土体变形。

(5)在掘进过程中合理控制推进速度,保持连续均衡施工,减少土压力波动对地面的不利影响。

(6)做好盾尾油脂的压注,确保盾尾油脂密封压力,保证盾尾密封和铰接密封的防渗漏效果,严禁盾尾密封和铰接密封发生渗漏。

(7)施工中出现渗漏水的部位要及时进行处理,避免由于地下水流失引起的固结沉降。

(8)对于结构整体特别差的房屋,根据沉降预测计算,若有必要在盾构通过前对房屋、地下管线进行提前加固。

(9)当同步注浆效果不理想时,采取措施在地表建筑物基础底部、管线底部进行跟踪注浆。

(10)对于区间侧穿建筑物,在盾构通过前采用在建筑物与盾构隧道之间施作两排旋喷桩,并对既有结构的位移和裂缝进行监测;侧穿通过时,管片预留注浆孔进行二次注浆,根据监测反馈情况严格控制注浆量和注浆压力。

(11)对于区间下穿建筑物,下穿建筑物时应注意调整盾构机姿态,及时进行壁后注浆和二次注浆。

(12)利用实测数据进一步修正完善地表沉降和建筑物变形的预测结果,对可能引起有害变形的建筑物作出早期预警并制订应急措施。

(13)加强监控量测,在盾构沿线设置地面沉降和隆起观测点,针对建筑物的沉降及变形加大观测频率;当建筑物的变形或变形速率超过警戒值时,及时与监理、设计、业主沟通,及时采取措施,保证盾构施工及周围建筑物的安全。

(14)做好工程事故预防工作,抢救器材、设备等必须存放现场,并配备训练有素的抢救人员。

5.8.2　盾构隧道浅覆土段掘进施工

1)工程概况

5号线环体盾构区间左线最浅埋深约9m,隧道顶为杂填土①$_1$、淤泥质土②、黏性土④$_1$、粉土④$_2$、粉质黏土⑥$_1$、粉土⑥$_{1T}$。

6号线环宾盾构区间右线最浅埋深为8.3m,隧道顶为杂填土①$_1$、黏性土④$_1$、粉土④$_2$、粉质黏土⑥$_1$、粉土⑥$_{1T}$。

6号线水环区间隧道右线最浅埋深约5.6m,隧道顶为杂填土①$_1$、淤泥质土②、黏性土④$_1$、粉土④$_2$、粉土⑥$_{1T}$。浅覆土处侧穿宾水西道北侧一栋5层建筑物,距离隧道最小净距约11m,隧道埋深约8.5m。如果盾构推进控制不到位,可能造成地面隆沉过大,房屋倾斜、开裂甚至倒塌等问题,影响盾构推进的顺利进行。

2)主要对策

(1)保持土仓压力稳定:控制土仓压力,其波动值限制在10%以内。

(2)防止盾尾漏浆措施:盾尾漏浆可能在盾尾刷与管片间形成一条通道后,使大量的同步注浆浆液进入隧道,将直接影响隧道的推进质量,不利于对沉降的控制,施工中必须采取有效技术措施,防止盾尾漏浆。

(3)完善施工预案:针对施工有可能发生的险情,编制好相应的预案,准备好应急物资,根据监测结果和报警机制,发现问题及时执行相应的预案。

(4)提高同步注浆质量:严格控制注浆压力和注浆量,防止压力过大造成地面的较大隆起。

(5)控制好出土量:将出土量控制在2%的误差范围以内。

(6)加强建筑物的监控量测:实时获取建筑物的沉降、倾斜和位移数据,及时信息反馈,据此调整施工参数,实现信息化施工。

(7)掘进中加强盾构姿态控制:盾构机保持平稳推进,减少纠偏,减少对正面土体的扰动。考虑到覆土较浅,盾构及管片由于浅覆土可能发生"上飘",为抵消上飘的影响,盾构掘进时,盾构中心与隧道设计高程的偏差控制在-30mm以内。平面偏差控制在±30mm之内。

5.8.3　盾构隧道小曲线半径的施工

1)工程概况

本标段5号线环体区间隧道最小曲线半径为350m,需要针对盾构机姿态、管片选型、盾构推力控制等方面加强管理,采取相应措施,防止出现管片破损、隧道超限等情况发生。

2)主要措施

(1)合理选择盾构,所选盾构最小转弯半径为150m,小于区间隧道最小曲线半径300m。

(2)所选盾构采用铰接装置,可以使得盾构机的前体和中体与曲线趋于吻合,预先推出弧线态势,为管片提供良好的拼装空间。

(3)所选盾构机配备两把超挖刀;铰接装置结合超挖刀的超挖,转弯管片、曲线内外侧千斤顶的不同推力等施工措施一起使用,可以实现小曲线的施工。

(4)合理进行管片选型,同时根据实际盾尾间隙和液压缸行程,调整管片类型。

(5)加强盾构姿态控制,蛇行纠偏不超过5mm/环,超挖刀在曲线内侧位置进行超挖,有利于纠偏。

(6)加强盾构姿态测量,保证盾构线形。在小半径曲线段加密导线复测:对盾构姿态采用自动测量导向系统与人工测量相结合,相互对照、复核,确保测量的准确性,并将人工测量频率由5环/次加密至2~3环/次。

(7)超挖后建筑间隙增大,需要适当提高注浆量,注浆时加强控制手段,确保注浆量。

5.8.4 盾构穿越宾水桥及卫津河施工

1)工程概况

5号线、6号线环湖西路站至宾馆西路站盾构区间穿越现有宾水桥桩基,拟对宾水桥进行改建,改建后宾水桥与5号线、6号线隧道的位置关系如图5-29所示,改建后桥梁桩基与隧道水平最小距离为2m。

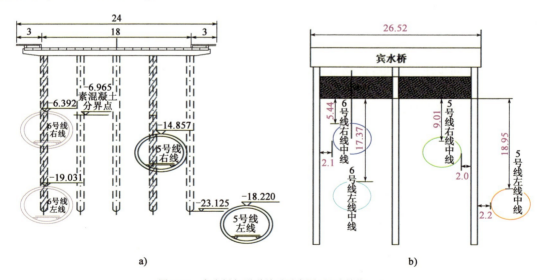

图5-29 宾水桥与隧道关系示意图(尺寸单位:m)

5号线宾环区间左线穿越卫津河长度27.9m,覆土厚度18.95m;右线穿河长度为27.9m,覆土厚度9.01m。6号线环宾区间左右线上下重叠穿越卫津河长度为27.75m,右线隧道覆土厚度5.44m,左线覆土厚度17.37m。

2)主要措施

(1)穿越前准备

①密切关注旧桥拆除的过程,特别是对拔桩全过程监督保证旧桥桩基处理干净,避免残留的混凝土块、钢筋影响后期盾构的推进。

②穿越前,选择开挖面自稳性较好的地段对盾构推进设备进行全方面保养,避免在穿越过程中,由于盾构设备故障造成停止推进。

③把穿越宾水桥前30环设为试推进段,通过试推进段数据来反馈指导施工,进而分析制定盾构机穿越宾水桥时的施工参数。结合本标段前期施工参数进行细致的分析总结,确定更加合理的施工参数。

④在盾构机机头距离桩基础20m时降低推进速度,控制盾构机基本推进速度保持在2cm/min;等盾构前体通过桩基础后,推进速度适当加快,控制在4cm/min。

⑤穿越宾水桥前将盾构姿态调整至最佳状态,避免盾构机在穿越津河及宾水桥段调整姿态。

⑥环宾区间始发前更换盾尾刷,采用进口优质盾尾刷并设置一道加强型盾尾刷,确保盾尾的密封效果。同时对注浆管的疏通情况进行检查。

(2)穿越技术措施

在盾构进入卫津河底后,必须切实保证盾尾内充满油脂并保持较高的压力,适当加大盾尾油脂的注入量,并采用优质盾尾油脂,以免卫津河水通过盾尾进入隧道,盾尾油脂注入量暂定为35kg/环。

(3)正面平衡压力设定

盾构在切入卫津河前后由于覆土有一个突变,因此在盾构掘进前根据覆土深度的变化,必须对平衡压力设定的差值有一个理论上的认识,在盾构穿越卫津河前后,及时对设定平衡压力进行调整。

(4)推进出土量

根据盾构及管片之间的建筑间隙及各土层特性合理控制出土量,出土量大约为建筑间隙的98%~100%。并通过分析调整,寻找最合理的数值。

(5)推进速度

盾构机在穿越卫津河和宾水桥段时,要匀速、慢速掘进,基本推进速度保持在2cm/min左右,要有序、平衡、平稳推进。

(6)同步注浆

一般情况下,每环的压浆量一般为建筑间隙的150%~180%,在盾构穿越卫津河和宾水桥过程中,同步注浆量及注浆压力应适当减小,尽可能减小对河底覆土和桩基础的扰动。

(7)浆液

水泥采用P·O42.5,投料顺序按砂、水、膨润土、水泥、粉煤灰依次投入,搅拌时间(投料完毕后)控制在3min左右。初凝时间<6h,稠度<11Pa·s。

(8) 注浆压力

同步注浆压力下部为 0.30MPa，上部最大不超过 0.25MPa。另外在进入卫津河底后，必须严格控制注浆压力，避免由于注浆压力过高顶破上覆土层。上覆土层被顶破后，卫津河水与正在施工的隧道之间形成一个通道，卫津河水可能通过盾尾、管片接缝处进入隧道，给隧道施工带来危险。

(9) 变形监测

盾构穿越卫津河及宾水桥时，加强对桥面及附近地面变形监测。监测结果及时反馈给有关施工人员，当监测值接近报警值时提请有关方面注意，当监测值达到报警值时要及时报警。穿越宾水桥段加强隧道内部沉降及变形监测。

(10) 测量结果处理

每一次测量结果都要及时汇总报给工程部，以便于技术人员及时了解施工现状和相应区域管片变形情况，确定新的施工参数和注浆量等信息和指令，并传递给盾构推进施工面，使推进施工面及时做相应调整，最后通过监测确定效果。通过反复循环、验证、完善，确保隧道施工质量。

(11) 通过后的补强措施

①二次注浆：盾构同步注浆后，由于浆液的脱水，浆液体积收缩会加剧地表的后期沉降量，又由于盾构推力，衬砌和土层间会相互分离，二次注浆能有效地进一步充实背衬和提高止水能力。特殊地段每推进 4 环后补注双液浆一次，在通过桩基位置两环管片的范围内增注一次。

②三次复紧：为防止因管片的变形引起地层的过度扰动，对管片螺栓要求三次复紧。即拼装管片时一次拧紧，推出盾尾后二次拧紧，后续盾构掘进至每环管片拼装前，对相邻已成环的 3 环范围内管片螺栓进行全面检查并复紧。

5.9 电瓶车防溜车技术

随着社会的发展，人们对交通工具的安全性要求越来越高。因频繁出现电瓶车在爬坡时，车子失灵向后流坡造成交通事故，各个厂家都在为之努力解决此问题。此前当车子出现爬坡失灵后，他们有通过启动防盗锁电机和机械的方式实现，但因为及时性、操作的不方便性、大电流对控制器的造成损伤和成本高，因此没有得到市场的认可。同时，目前市场上采用机械防溜坡装置、按键防盗模式等解决防溜坡功能。本节从多角度讲解电瓶车防溜车技术。

5.9.1 自身制动系统

电瓶车自身装备了气压制动系统和手动制动系统。正常情况下，电瓶车启动气压制动系统进行制动,当电瓶车出现故障,自身就会启动气压制动系统来制动,防止事故发生;当电瓶车停靠时,除了其自身的气压制动外,还应立即采取手动进行制动,以确保其不发生由于制动不够而发生的溜车现象。气压制动装置如图5-30所示。

图5-30　气压制动装置

5.9.2　安装监测设备

在电瓶车上安装监测设备,通过监测设备观察电瓶车侧方、前方情况,防止电瓶车运行中发生伤人事件。

5.9.3　闪光警示灯及警示喇叭

在电瓶车的前方安装闪光警示灯及警示喇叭,在电瓶车运行中,通过闪光警示灯及警示喇叭给予周边施工人员避让信号。

5.9.4　设置限位器

当电瓶车停靠时,在电瓶车的前后部位设置限位器,以防止电瓶车由于负荷的变化而发生溜车事故。在电瓶车上设置闪光警示灯,如图5-31所示。在盾构机后配套台车部分的轨道上设置三道以上的限位器,万一出现溜车,可以避免车辆冲入盾构机头造成伤人、损坏设备等事故的发生。限位器如图5-32所示。

5.9.5　轨枕挂钩

在电瓶车上安装轨枕挂钩,一旦发生溜车险情时,及时启动液压轨枕挂钩系统,确保作业人员、设备等的安全。钢轨挂钩如图5-33所示。

图5-31　闪光警示灯

图5-32　限位器

图5-33　轨枕挂钩

5.9.6　轨道处理

为了保证电瓶车具有良好的制动性能,电瓶车轨道上要及时清洁,保证轨道面无油、无泥。对轨道上的油和泥要及时用水清洗,并且在大坡度路段还要撒砂,以增大摩擦力,达到良好的制动效果。

5.9.7　连接钢索

牵引车与运料车、运料车与运料车之间设置连接钢索,连接钢索采用钢板、钢丝绳制作而成,连接钢索如图5-34所示。

5.9.8　盾构机防撞横梁及阻车钢丝绳

为防止电瓶车制动失灵,冲入后配套拖车,撞伤工人,在第四节拖车上安装盾构机防撞横梁及阻车钢丝绳,当电瓶车冲过来的时候,此装置将减弱或防止电瓶车的冲击,从而达到拦截的目的,保证人员和盾构机的安全,如图5-35所示。

图 5-34 连接钢索

图 5-35 拦截装置

5.10 盾构掘进技术

盾构掘进技术是在地面下开挖隧洞的一种施工方法。它使用盾构机在地下掘进,在防止软基开挖面崩塌或保持开挖面稳定的同时,在机内安全地进行隧洞开挖和衬砌作业。其施工过程需先在隧洞某段的一端开挖竖井或基坑,将盾构机吊入竖井或基坑内进行安装,盾构机从竖井或基坑的墙壁开孔处开始掘进并沿设计洞线推进直至到达洞线中的另一竖井或隧洞的端点。

5.10.1 盾构掘进施工参数取值

盾构始发施工前首先须对盾构掘进过程中的各项参数进行设定,施工中再根据各种参数的使用效果及地质条件变化在适当的范围内进行调整、优化,从而确定正式掘进采用的掘进参数。设定的参数主要有:土压力、推力、刀盘扭矩、推进速度及刀盘转速、出土量、同步注浆压力、添加剂使用量等。

5.10.2 土压力设定

盾构机在掘进过程中据此取得平衡压力的设定值,具体施工时根据盾构所在位置的埋深、土层状况及地表监测结果进行调整。

始发掘进时应逐步建立土仓压力,控制地表沉降。

1) 土仓压力理论计算

(1) 土仓压力上限值

$$P_{上} = P_1 + P_2 + P_3 \tag{5-1}$$

$$P_{上} = \gamma_w \cdot h + K_0 \cdot [(\gamma - \gamma_w) \cdot h + \gamma \cdot (H - h)] + 20 \quad (5\text{-}2)$$

式中：$P_{上}$——土仓压力上限值(kPa)；

P_1——地下水压力(kPa)；

P_2——静止土压力(kPa)；

P_3——被动土压力(kPa)，一般取20kPa；

γ_w——水的重度(kN/m³)；

h——地下水位以下的隧道埋深(至中心)(m)；

K_0——静止土压力系数，根据经验砂土取值0.34～0.45，黏性土取值0.5～0.7，根据地质资料参数本次施工取0.5；

γ——土的重度（kN/m³）；

H——隧道埋深(算至隧道中心)(m)。

(2) 土仓压力下限值

$$P_{下} = P_1 + P_2' + P_3 \quad (5\text{-}3)$$

$$P_{下} = \gamma_w \cdot h + K_a \cdot [(\gamma - \gamma_w) \cdot h + \gamma \cdot (H - h)] - 2 \cdot c_u \cdot \text{sqr}(K_a) + 20 \quad (5\text{-}4)$$

式中：$P_{下}$——土仓压力下限值(kPa)；

P_2'——主动土压力(kPa)；

K_a——主动土压力系数；

c_u——土的黏聚力(kPa)；

其他符号意义同前。

2) 土仓压力实际设定值

盾构始发掘进阶段由于受到尾盾密封及洞门密封等因素的限制，土仓压力实际设定值不宜过高。

(1) 加固区土仓压力设定

始发端头采用三轴搅拌＋三重管双高压进行加固，盾构处于加固区域时，正面的土质较硬，为控制推进轴线、保护刀盘，在这段区域施工时，平衡压力设定值应略低于理论值，加固区内土压力初定为0.05MPa，推进时，根据盾构推力与地面监测情况等相关参数进行微调。

(2) 盾构机驶出加固区的土仓压力设定

盾构机驶出加固区，在保证尾盾密封及洞门密封圈安全的前提下，逐步提高土仓压力设定值至理论计算值，并随时根据地面监测情况进行调整。根据地面监测情况，结合土仓压力理论计算值，小范围内调整土仓压力设定值。

5.10.3　盾构推进参数的设定

盾构机掘进推力主要由下述因素决定：盾构外周(盾壳外层板)和土体之间的摩擦阻力或黏附阻力、盾构机正面阻力、管片和盾尾刷之间及盾构与始发基座轨道之间的摩擦阻力。

(1)刀盘刀尖碰壁的准备工作

首先调整压板,缓慢给土仓加压;然后刀盘开始转动,最大不超过 0.9r/min 开始推进,推进速度控制在 10mm/min 以下,总推力控制在 12000kN 以下,根据现场状况逐步调整。

(2)始发正式掘进模式

需要严格计算出土仓压力,按照水土分算计算;并严格控制盾构机的超挖和负挖现象的产生。掘进过程中必须严格控制掘削量,发现超挖和欠挖现象及时调整。并且要时刻记录出土速度和土仓压力,并对掘进段地表进行实时监测,当发现掘削发生骤变时,第一时间进行分析,在查明原因后应及时调整有关参数,确保开挖面稳定。始发试掘进盾构千斤顶总推力控制在 500~12000kN,并根据具体情况做相应调整。

5.10.4 刀盘扭矩

盾构机的切削刀盘扭矩主要由土体的剪切阻力产生,其经验公式为:

$$F_1 = \alpha D^3 \tag{5-5}$$

由于盾构机穿越的地层主要为粉质黏土故 α 取 1.3,代入上式计算得出扭矩 $F_1 \approx$ 3420kN·m < 4942.0kN·m = 盾构额定扭矩,完全能够满足工程需要。施工时以此值为目标值控制刀盘切削。

5.10.5 盾构千斤顶的推进速度及刀盘转速的设定

盾构千斤顶的推进速度及刀盘转速与盾构机的性能密切相关,同时也受工程地质及水文地质条件的影响。始发伊始,对参数设定首先要依据理论计算值进行设定,在始发完成后的试掘进阶段可对各种参数进行对比,调整推进速度与推力、刀盘转速与扭矩的关系式,定出推进速度和转速的范围。

隧道范围内地层主要为粉土层、粉质黏土、粉砂,由于处于始发掘进阶段,推进速度初始设定为 10mm/min 以下,初始设定刀盘转速应小于 0.9r/min。正常掘进时推进速度为 25~50mm/min。本工程所采用盾构最大推进速度为 65mm/min,满足工程需要。

5.10.6 出土量的设定

本工程使用的管片外径为 6200mm,环宽为 1500mm/1200mm。

$$V = \pi l \left(\frac{d}{2}\right)^2 \tag{5-6}$$

式中:V——一环管片长度的理论出土量(m^3);

d——刀盘直径(m);
l——管片环宽(m)。

每环实际出土量控制在理论出土量的95%～100%之间,出土量直接反应了盾构机在掘进施工过程中的超挖情况,当超挖较多时,会使出土量骤增。在掘进过程中,必须严格控制每环的出土量,并做好记录。

5.10.7 添加剂使用方案

始发阶段盾构穿越的地层上部为粉质黏土,中间为粉土,下部为粉质黏土层,属于软土层。拟用于本区间盾构掘进时的渣土改良方法包括向刀盘、土仓及螺旋输送机添加泡沫剂或膨润土泥浆以及聚合物等。具体为:

(1)泡沫剂的使用:泡沫通过盾构机上的泡沫系统注入,泡沫的注入量按开挖方量及渣土实际情况计算:一般200～300L/环。

(2)膨润土泥浆的使用:根据以往现场施工经验,分别选取Na基、Ca基两种膨润土较为合适的配比,我项目部分别进行比较:根据试验比较,选取Na基膨润土较为合适。

5.10.8 盾构机掘进姿态调整

(1)滚动纠偏

采用使盾构刀盘反转的方法来纠正滚动偏差。允许滚动偏差≤1.5°,当超过1.5°时,盾构机报警,盾构司机通过切换刀盘旋转方向,进行反转纠偏。

(2)竖直方向纠偏

控制盾构机方向的主要因素是千斤顶的单侧推力,它与盾构机姿态变化量间的关系比较离散,靠操作人员的经验来控制。当盾构机出现下俯时,加大下端千斤顶的推力纠编;当盾构机出现上仰时,加大上端千斤顶的推力纠偏,每环纠偏量不大于4mm。

(3)水平方向纠偏

与竖直方向纠偏的原理一样,左偏时,加大左侧千斤顶的推力纠偏;右偏时,加大右侧千斤顶的推力纠偏,每环纠偏量不大于4mm。

(4)曲线段施工

在曲线地段(包括平面曲线和竖向曲线)施工时,对掘进液压缸实行分区操作,使盾构机按预期的方向进行调向运动。盾构机掘进纠偏时,调差值控制在平面调差折角<0.4%、高程调差≤20mm的范围内,以防止纠偏过激。

5.11 联络通道施工技术

联络通道在隧道完成后进行施工,联络通道与正线隧道相连接的管片形式采用加强环管片。联络通道处地层需要预加固,施工中加强监测,最大限度减少通道施工对区间隧道的影响,控制地表沉降确保地表管线及建筑物安全。本节从联通通道施工工艺、地基加固、联络通道防水和联络通道衬砌四个方面来进行联络通道施工技术的具体描述。

5.11.1　联络通道施工工艺

施工工艺流程如图 5-36 所示。

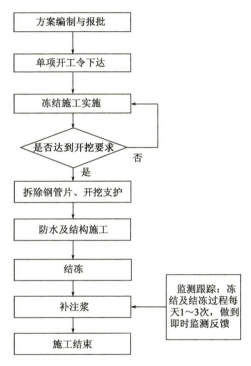

图 5-36　联络通道施工工艺流程

5.11.2　地基加固

1）施工方案

根据施工条件并结合华北地区地铁联络通道类似地质的工程施工经验,采用"隧道内水平冻结加固土体、隧道内矿山法开挖构筑"的全隧道内施工方案。即在隧道内利用水平孔和部分倾斜孔冻结加固地层,使联络通道及集水井外围土体冻结,形成强度高、封闭性好的冻土帷幕。在冻土中采用矿山法进行联络通道及泵房的开挖构筑施工,地层冻结和开挖构筑施工均在区间隧道内进行。

2）技术要点

在施工中必须采取切实可靠的技术措施,以确保联络通道施工的安全并保证施工工期,地基加固的技术要点如下所述。

(1)由于混凝土和钢管片相对于土层要容易散热得多,会影响隧道管片附近土层的冻结速度,从而影响冻土帷幕的整体稳定性和封水性。特别是要保证联络通道喇叭口部位冻土帷幕的厚度和强度及与管片的完全胶结,在冻结孔施工端喇叭口部位布置三排孔加强冻结,在对侧隧道布置冷冻板。所有的钢管片的格栅要用混凝土充填密实,同时管片外面采用聚乙烯保温板(PEF保温板)隔热保温,以减少冷量损失,在冻土墙与管片胶结处放置测温点,以加强对冻土墙与管片胶结状况的检测。

(2)冻结孔开孔前,在布孔范围内打小孔径探孔,探测地层稳定情况。如发现有严重漏水冒泥现象,先进行水泥—水玻璃双液壁后注浆,以提高孔口附近地层稳定性,然后再钻进冻结孔。每个钻孔都设有孔口管,并安装钻孔密封装置,以防钻进时大量出泥、出水。

(3)针对施工冻结孔时容易产生涌水现象,采用强力水平钻机,尽量实现无泥浆钻进。如发现钻孔泥水流失,要及时进行补浆。

(4)加强冻结过程检测。在冻土帷幕内布置测温孔,以便正确判断冻土帷幕是否交圈和测定冻土帷幕厚度。对侧隧道管片附近土层的冻结情况将成为控制整个联络通道冻土帷幕安全的关键,为此,在对侧隧道管片上沿冻土帷幕四周布置测温孔,以全面监测冻土帷幕的形成过程。

(5)在联络通道两端布设泄压孔,以减小土层冻胀对隧道的影响。该孔可作为冻结帷幕压力变化的观测孔,同时可利用管片上的注浆孔来卸压。

(6)联络通道开挖时在隧道内设预应力支架,以防打开预留钢管片时隧道变形和破坏。施工完联络通道临时支护层后再打开对侧隧道联络通道的预留钢管片。在联络通道衬砌中预埋压浆管,采用注浆方式以补偿土层融沉。注浆应配合冻土帷幕融化过程进行,采用水泥浆进行融沉注浆。

(7)由于冻土的蠕变性很强,冻土帷幕在破坏前必然有一个较大的蠕变过程,可以通过检查开挖过程中的冻土帷幕变形情况判断其安全性。为此,在开挖过程中必须及时进行冻土帷幕变形和温度观测,如遇冻土帷幕有明显变形,立即用钢支架加木背板支撑,调整开挖构筑工艺,并同时加强冻结。

(8)为了进一步提高联络通道掘砌施工的安全性,特采取以下措施:
①选用可靠的冻结施工机械;
②准备足够的备用设备;
③加强停冻时的冻土帷幕监测;
④尽快施工衬砌,必要时用堆土法密闭开挖工作面。

(9)由于冻胀力和冻土融沉的作用,影响周围土层的力系平衡,使隧道产生水平位移和沉降,故在整个施工过程中,加强隧道变形的监测,确保隧道安全。在冻土帷幕关键部位,多布置测温孔,监测冻土帷幕的形成过程和形成状况。

3)联络通道开挖

(1)施工准备

准备工作是整个工程施工进展顺利的前提和保证,具体工作内容如下:

①三通一平:供水,将水管接送至施工场地;排水,从联络通道口到中间风井区间利用排水管路,水泵设在联络通道口附近,形成排水系统。供电,接送至施工场地。井上、井下通信联系使用内部专用有线电话。道路允许总质量5~15t载货车进出施工场地。

②排水系统:从联络通道口到风井布置一条排水管路,水泵设在联络通道口附近,形成排水系统,以备联络通道端口处集水、开挖构筑中产生的出水或涌水排放之用。

③视频监视系统:联络通道施工现场增设通信系统和视频监视系统,为通道开挖时联系监视之用。

④端头井提升:提升系统采用建筑用门式提升机,安装在端头井内,该设备具有安全可靠、安装方便等优点。

⑤隧道内工作平台搭设:按联络通道出口尺寸及施工需要,工作平台由上下两层平台和一斜坡道构成。首先在联络通道开口处的隧道支撑架底梁上表面搭设中间工作平台,主要作为通道材料运输手推车换向之用。其次在联络通道运输侧,搭设斜坡道与中间平台相连接,斜坡道高端宽约3m,坡长约18m,坡度以方便手推车运输为原则可以适当调整。

⑥抢险物资的堆放:为了应付冻结孔施工及开挖构筑过程中可能出现的突发情况,除了制订切实可行的应急措施外,施工现场还需要堆放一定数量的抢险物资:应急沙袋($5m^3$)、木楔(若干)、水泥(3t)、麻丝、木背板($3m^3$),以保证联络通道施工的安全。应急抢险物资应堆放有序,并设立醒目的标识牌,抢险物资应专项专用,不得随便挪用,并设有专人看护、保管,定期检查。

⑦钢管片接缝焊接:将联络通道口部的钢管片之间(欲拉开的管片除外)接缝采用满焊的方式将每条拼装缝一一焊接牢固,以提高其整体稳定性。(注意事项:焊接前应首先对拼装缝进行除锈除垢处理,避免虚焊。焊接时,划分区域,采取对称方式焊接,以防止产生应力集中而引起钢管片变形。焊接材料选E4303型结构钢焊条,用手工电弧焊焊接。)

(2) 开管片

①开管片准备:在拆除钢管片开洞前,利用扭矩扳手将联络通道前后共10环管片的纵向和环向连接螺栓进行复紧,包括钢管片和混凝土管片间的连接螺栓,扭矩需达到300N·m。此外将未拆除钢管片的环、纵缝进行焊接连接,提高钢管片门架结构的刚度和整体稳定性。焊接采用对称式焊接,以防止产生应力集中而引起钢管片变形。焊接材料选用E4303型结构钢焊条,用手工电弧焊焊接,焊接前应首先对拼装缝进行除锈除垢处理,避免虚焊。加固土体强度达到设计要求及准备工作就绪后开挖构筑工作就可正式开始,探孔后即可开管片。开管片前,首先准备2台5t千斤顶,并准备5t和2t手拉葫芦各1台。

②开管片方法:将两台千斤顶架在被开管片的两侧,中间用一根型钢横梁同钢管片直接相连接,通过千斤顶顶推横梁向外顶推钢管片。操作时,要认真观察管片受力及位移情况,消除局部受阻因素,防止管片变形。5t手拉葫芦作为辅助拉拔管片用,一端挂住欲拆管片,一端系在对面隧道管片上,水平方向稍加力向外(隧道内)拉拔管片,要配合千斤顶操作。2t手拉葫芦悬吊在欲拆管片的上方,一端钩住欲拆管片,以防管片拉出时突然砸落在工作平台上,如图5-37所示。

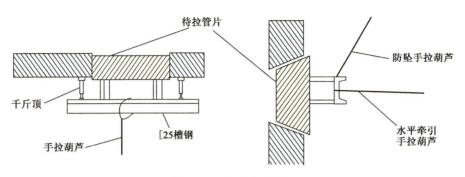

图 5-37 开钢管片示意图

③注意事项:在用千斤顶及 5t 手拉葫芦拉拔期间要注意观察管片外移情况,并随时注意调整 2t 手拉葫芦的拉紧程度和方向。当拉拔困难时,应检查受阻原因并处理。如为管片锈蚀引起,则需用大锤锤振管片,以减少拉拔阻力。

(3) 土方开挖

经探孔确认可以进行正式开挖后,打开钢管片,然后根据采用矿山法进行暗挖施工。根据工程结构特点,联络通道开挖掘进采取分区分层方式进行。由于土体采用冻结法加固,冻土强度较高,冻结帷幕承载能力大,因而开挖时(除喇叭口处侧墙和拱顶外)可以采用全断面一次开挖,开挖步距为 0.5m,通道、集水井开挖步距为 0.5m。两端喇叭口处断面较大,为减轻开挖对隧道变形的影响,开挖步距控制为 0.3m。

集水井开挖过程中将有部分冻结管被暴露,为确保安全,根据冻结孔布置图,跟班技术员跟踪监测开挖面深度,当开挖面距离集水井内冻结管约 5 至 10cm 时,关闭该组冻结管的去、回路阀门(比如第一次关闭 ×3,×4,×5 三个孔去、回路阀门),等该组冻结管全部暴露后,再打开原先关闭的阀门,恢复冻结。同时将集水井内部分暴露的冻结管用 PEF 保温板进行保温。等集水井 200mm 厚的临时支护层施工结束后,即可将集水井内暴露的冻结管割除,进行永久结构的施工。

另外,冻土强度高,韧性好,普通手镐无法施工,需采用风镐进行掘进。为了提高掘进效率,加快施工进度,缩短冻土暴露时间,风镐尖需做特殊处理。而且掘进环境温度在 0℃ 以下,输风管路及风镐中的冷凝水容易结冰,需进行除湿处理,一方面把风管悬吊起来,另外每隔 1~2h 向风管内注入酒精,防止冰屑的出现。并要求每个掘进班配备 5~6 把风镐,以避免不能正常工作而影响施工进度。在掘进施工中根据揭露土体的加固效果,以及监控监测信息,及时调整开挖步距和支护强度,确保安全施工。在开挖过程中,还要及时对暴露的冻土墙进行保温。对于土方运输而言,挖出的土方需要装入翻斗车,经隧道运到提升井后提至地面,用汽车运出。

5.11.3 联络通道防水

1) 通道接口防水

通道喇叭接口扩挖至设计尺寸并进行永久支护后,即可进行防水施工。接口防水采用止水带施工,止水带用黏结剂沿着支护断面内侧直接粘到隧道管片上,粘接前采用特殊溶剂对管片进行清洗。止水带必须粘牢,不能留有空隙。

2)通道防水

联络通道采用全包防水。以土工布为外垫,采用无钉孔悬吊法铺设防水板,防水板搭接采用热合机加热粘接。

5.11.4 联络通道衬砌

联络通道衬砌采用两次支护方式。第一次支护(临时支护)采用格栅钢架加钢筋网片喷射 C20 混凝土。第二次支护(永久支护)采用 C35 现浇钢筋混凝土。

(1)临时支护

联络通道泵房开挖后,地层中原有的应力平衡受到破坏,引起通道周围地层中的应力重新分布,这种重新分布的应力不仅使上部地层产生位移,而且会形成新的附加荷载作用在已加固好的冻土帷幕上,当冻土帷幕墙所承受的压力超过冻土强度时,冻土帷幕及冻结管会产生蠕变,为控制这种变形的发展,冻土开挖后就要及时对冻结帷幕进行及时的支护,所以联络通道的临时支护即作为维护地层稳定,确保施工安全的一项重要技术措施,又作为永久支护的一部分,是支护工艺最为关键的一步。

临时支护采用格栅钢架加喷射混凝土进行支护。支架间距为 0.5m,为增加支架的稳定性,相邻两排支架间必须用支撑杆相互连接。所有支架间冻土体全用木板背实背紧,少量空隙用水泥砂浆充填严实,最后用喷浆机进行架喷支护,临时支护形式如图 5-38 所示。喷射混凝土强度等级为 C20,厚度为 300mm。

(2)永久支护

①永久支护结构

结构永久支护是采用施工图中设计的 C35P10 现浇钢筋混凝土结构。为减少混凝土施工接缝,联络通道开挖及临时支护完成后,一次性连续进行浇筑。由于这种结构的特殊性,通道顶板内的混凝土浇筑较为困难,为提高混凝土施工质量,可采取分段浇筑的施工方式,必要时可采用喷浆机对浇筑空隙进行充填。上部结构施工完成以后,开挖集水井,集水井开挖到设计深度,首先对集水井底板进行封底浇筑,然后一次性完成集水井的钢筋混凝土浇筑施工,永久支护结构如图 5-39 所示。

②注意事项

开挖及支架架设应按中腰线严格控制,防止支架偏移;在浇筑通道底部之前一定要先把 2 根排水管安设好。喷射混凝土配比(体积比)根据经验暂定为 32.5R 水泥:中粗砂:4~6mm 瓜子片 = 1:2:1;在开挖和临时支护过程中,布设通道收敛变形测点(详见监测部分),及时掌握冻结帷幕位移发展速度,通过调整开挖步距和支护强度来控制冻结帷幕的位移量,确保施工安全和施工进度。

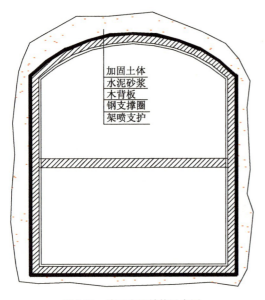

图 5-38 临时支护结构示意图

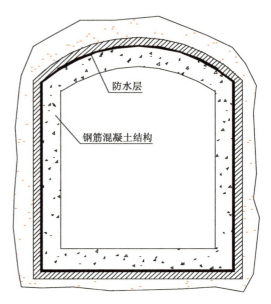

图 5-39 永久支护结构示意图

5.12 盾构机组装与调试

1）盾构机组装

（1）盾构机组装调试工艺流程

盾构机组装调试工艺流程如图 5-40 所示。

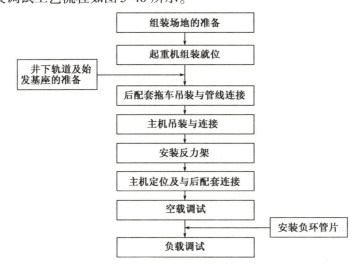

图 5-40 盾构组装、调试工艺流程

(2) 组装的总体要求

①盾构机组装前必须制订详细的组装方案与计划,同时组织有经验的经过技术培训的人员组成组装班组。

②组装开始前把组装方案向所有参加组装的人员进行技术交底,便于组装人员理解和执行。组装前编制有关的基础知识读本并对职工进行培训。

③对于机械部件的组装,组装前需要弄清其结构及安装尺寸的关系,以及螺栓连接紧固的具体要求等机械安装的基本常识,同时自始至终保持组装场地的清洁。

④清洁工作直接关系到液压件工作寿命。组装前必须检查泵、阀等液压件的封堵是否可靠,如有可疑情况,必须进行现场清洗,管件在组装前如没有充满油液,也必须进行严格清洗。

⑤对于高低压设备和电气元件的安装,严格执行制造厂所提供的有关标准和我国电力电气安装的有关规定和标准。

⑥组装前必须对所使用设备、工具进行安全检查,杜绝一切安全隐患,保证组装过程的安全顺利进行。

⑦组装前应对始发基座进行精确定位,起重机工作区应铺设钢板,防止地层不均匀沉陷。

⑧大件组装时应对始发井端头墙进行严密的观测,掌握其变形与受力状态。

(3) 组装的具体安排

①组装对大件运输的总要求是先组装的部件先行运输。设备的组装顺序可借鉴成功盾构机组装的经验,再结合施工场地的具体情况合理安排盾构机的组装顺序。盾构机的组装场地分成三个区:后配套拖车存放区,主机及配件存放区,起重机放置区。吊装设备采用400t履带式起重机一台、160t汽车式起重机一台、45t门式起重机一台。在组装前安装调试好45t门式起重机,以减少起重机的租用费,同时使组装安排更加灵活,有利于缩短组装时间。在运输的同时进行设备的组装工作以减缓工作场地的压力,考虑运输和临时场地安排的矛盾,需要在工作现场准备一定的缓冲存储场地,对场地的要求按照设备和现场的情况予以综合考虑。

②盾构机组装前,对所需工具进行检查。组装盾构机所需组装工具见表5-14。

盾构机组装工具使用计划　　　　表5-14

名　称	规　格	数　量	备　注
拉伸预紧扳手		1把	新购(H.K)
液压扭力扳手		1把	新购(H.K)
风动扳手	1/2in、1in(接头)	各1把	新购
扭力扳手	450N·M、1800N·M	各2把	新购
棘轮扳手	1/2in、1in	各2把	新购
套筒扳手		1套	新购
重型套筒扳手		1套	新购
内六角扳手	进口	2套	新购

续上表

名　称	规　格	数　量	备　注
内六角扳手	22mm、30mm	各2把	新购
开口扳手	<42mm	2套	新购
开口扳手	≥42mm	1套	新购
管钳	200、300、450、600、900	各1把	新购
丝锥		2套	新购
扳牙		2套	新购
砂布	粗、细	各2盒	新购
普通台虎钳	200	1个	新购
手拉葫芦	3t、5t、10t	各2台	新购
吊带	1.5t、3t、5t	各2个	新购
卸扣	3t、5t、10t	各4个	新购
油压千斤顶	3.2t、5t、10t、16t	各2台	新购
弯轨器		1套	新购
轨道小车		1辆	新购
液压小推车		1辆	新购
电动盘式砂光机	SIM 100B	4把	新购
电动盘式砂光机	SIM230B	2把	新购
灰刀		10把	新购
撬棍		4根	新购
油枕	1.2m	30根	新购
扒钉		若干	新购

③在确保人员和设备安全的前提下，保证组装质量和组装进度。对于组装的人员组织安排见表5-15。

组装人员安排　　　　　　　　　　　　　　　　　表5-15

班次	作业时间	人员组织	总人数(人)
白班	8:00~20:00	领班工程师(机械)2名、起重工1名、机钳工6名；液钳工2名、电钳工1名	12
夜班	20:00~8:00	领班工程师(机械)2名、起重工1名、机钳工6名；液钳工2名、电钳工1名	12
电器安装	8:00~20:00	电气工程师3名、电钳工2名、辅助工2名	7

(4)组装注意事项
①组装前必须熟知所组装部件的结构、连接方式及技术要求。
②组装工作必须遵循"由后向前，先下后上，先机械、后液压、再电气"的组装原则。
③对每一台拖车或每一个部件进行拆包时必须做好标记，注意供应商工厂组装标记，

如:VRT→表示隧道掘进方向,NL2 表示 2 号拖车,L 表示左侧,R 表示右侧。
④液压管线的连接必须保证清洁,禁止使用棉纱等易脱落线头的物品擦拭。
⑤组装过程中严禁踩踏、扳动传感器、仪表、电磁阀等易损部件。
⑥组装场内的氧气、乙炔瓶必须定点存放、专人负责。
⑦组装工具必须由专人负责,专用工具必须严格按照操作规程进行使用。
⑧对盾构机所有部件的起吊,必须保证安全、平稳、可靠,严禁违规操作。
⑨必须认真填写交接班记录并做好技术总结。
⑩在机器上需进行焊接时,焊把线与焊点的距离不允许超过 1m,严防烧坏机器上的精密元件。

(5)盾构机组装顺序
①用门式起重机拆开后配套 5 号拖车的包装,清理检查部件完整性。清洗各结合面的油漆、毛刺。
②用 45t 的门式起重机将 5 号拖车一侧的框架吊起与另一侧框架进行对接,穿上螺栓拧紧。
③在地面上摆放三层枕木,其高度比盾构机后配套拖车轮缘的高度稍微高出一点,用 45t 门式起重机将 5 号拖车框架吊起放在枕木上,安装拖车的四对车轮。
④用导链将拖车四个立柱拉紧,以免在起吊过程中拖车框架发生变形,用 45t 门式起重机将 5 号拖车放入井下预先铺设好的轨道上并推入站台内。4 号、3 号、2 号、1 号拖车的组装顺序与 5 号拖车完全相同。
⑤用 45t 门式起重机将设备桥放入井下与 1 号拖车进行对接,设备桥前端采用管片小车焊接支架进行支撑或加工专门门架支撑。
⑥用 45t 门式起重机将螺旋输送机放入井下的管片小车上,管片小车上垫有一定高度的枕木,其高度比管片安装机轨道 V 形梁稍微高一点。将螺旋输送机推入车站内。
⑦用 400t 履带式起重机和 160t 汽车式起重机配合将支承环翻身后放置在始发台上,清洗结合面的油漆、毛刺。
⑧用 400t 履带式起重机和 160t 汽车式起重机配合将切口环翻身后,放置在组装井始发架上,再次清洗切口环、支承环结合面油漆、毛刺。用 400t 履带式起重机配合将切口环与始发架上的支承环对接,并用专用工具紧固螺栓。
⑨用 400t 履带式起重机和 160t 汽车式起重机配合将刀盘翻身后与切口环对接,并用专用工具紧固螺栓。
⑩安装盾壳内平台及辅件。
⑪起吊管片安装机与支承环进行对接并紧固螺栓。
⑫用液压缸将主机向前推至掌子面,留出钢筋割除空间约 500mm。
⑬盾构机推进需要的推力计算见式(5-7)。

$$F = G \cdot \mu + G \cdot \tan\alpha \tag{5-7}$$

式中: F——所需推力(kN);
G——盾构机重量,约为 330kN;

μ——静摩擦系数,取值为 0.12;

$G \cdot \tan\alpha$——下滑分力,车站底板平面斜度为 3‰,下滑分力约 0.12kN。

按式 (5-7) 计算,盾构机始发推入预洞的推力约为 40kN,在始发基座上设置反力座为推进提供支撑。

⑭用 400t 履带式起重机与 160t 汽车式起重机配合将盾尾翻身并与支承环对接。

用 160t 汽车式起重机起吊螺旋输送机(提前放入车站内)并穿入盾壳内,此时需用导链在前部牵引。

⑮安装反力架及钢环管片。

⑯组装盾构主机的液压系统、电气系统及零星机械部件。

⑰完善后配套系统的液压部件、电气部件及其相应管线连接。

⑱完善所有组装工作,进行设备单机调试、总体调试工作,开始盾构机试掘进。盾构机组装步骤见表 5-16。

盾构机组装步骤　　表 5-16

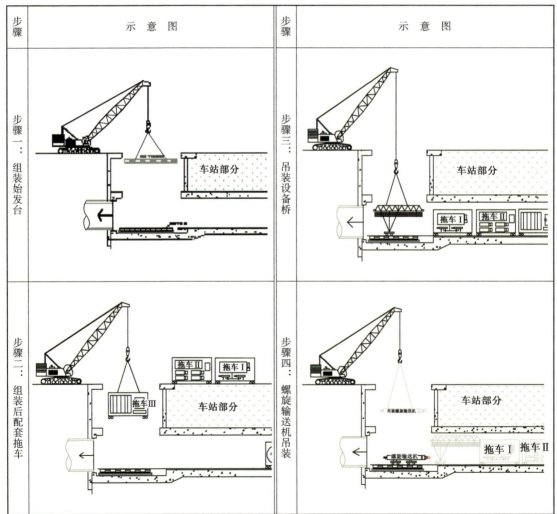

续上表

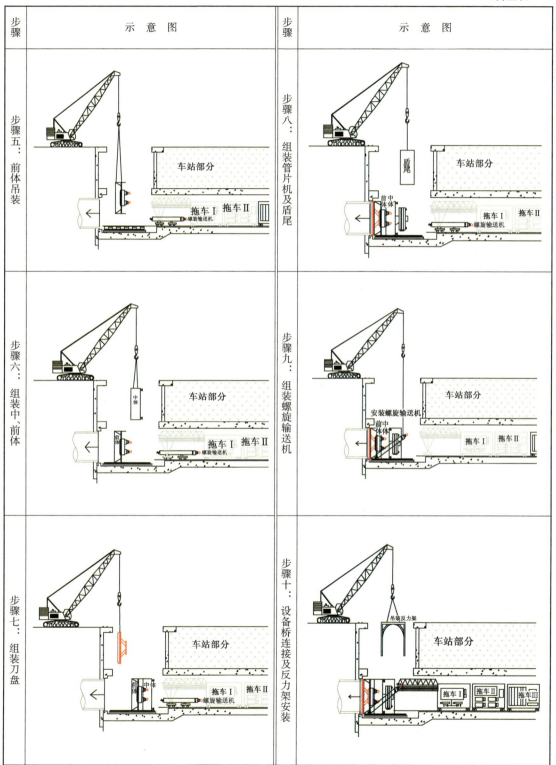

续上表

步骤	示 意 图	步骤	示 意 图
步骤十一：完成组装	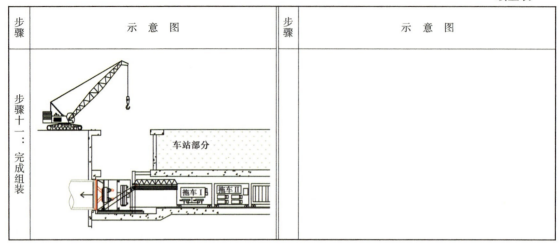		

（6）盾构组装安全保护措施

①盾构机的运输委托给专业的大件运输公司运输。

②盾构机吊装由具有资历的专业队伍负责起吊。

③组建组装作业班承担盾构机组装工作，指定生产副经理负责组织，协调盾构机组装工作。

④每班作业前按起重作业安全操作规程及盾构机制造商的组装技术要求进行班前交底，完全按有关规定执行。

⑤项目部安质部、工地派出所具体负责大件运输和现场吊装、组装的秩序维护，确保安全。

⑥应根据400t履带式起重机对地基承载力的要求，对其工作区域进行处理，如浇筑钢筋混凝土路面、铺设钢板等，防止地层不均匀沉陷。

2）盾构机调试

（1）空载调试

盾构机组装和连接完毕后，即可进行空载调试，空载调试的目的主要是检查设备是否能正常运转。主要调试内容为：液压系统、润滑系统、冷却系统、配电系统、注浆系统以及各种仪表的校正。电气部分运行调试顺序为：先检查送电，再检查电机并进行分系统参数设置与试运行，再整机试运行并进行再次调试。

机械液压部分运行调试顺序为：推进和铰接系统→螺旋输送机→管片安装机→管片吊机和拖拉小车→泡沫、膨润土系统和刀盘加水→注浆系统→皮带输送机等。

（2）负载调试

空载调试证明盾构机具有工作能力后即可进行负载调试。负载调试的主要目的是检查各种管线及密封的负载能力；对空载调试不能完成的工作进一步完善，以使盾构机的各个工作系统和辅助系统达到满足正常生产要求的工作状态。通常试掘进时间即为对设备负载调试时间。负载调试时将采取严格的技术和管理措施保证工程安全、工程质量和线形精度。

5.13 洞门施工方案

本工程总共需施工 16 座洞门。隧道贯通后合理安排时间、及时施作洞门,保证贯通隧道的安全。

(1)施工工艺流程

施工工艺流程如图 5-41 所示。

(2)洞门环拆除

确认管片后充填密实不会发生涌水、涌砂时,将洞口临时密封(波纹板、弧形钢板等)拆除干净,利用专用工具进行洞门环的拆除,先拆一块邻接块,然后再自上而下依次拆除。砂浆凿除采用人工手持风镐施工,凿至洞门圈内混凝土表面,使其完全出露,清理干净,进行下道工序施工。

(3)洞门制作

①绑扎钢筋

钢筋在加工车间进行加工,保证主筋弧度准确、圆顺;运至工作面进行绑扎、焊接,利用预埋钢筋或打插筋作为固定钢筋;模板侧的钢筋

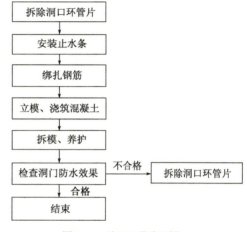

图 5-41 施工工艺流程图

绑上混凝土预制块,以保证混凝土保护层厚度,避免发生漏筋现象。钢筋绑扎、焊接完备后,利用电桥检验钢筋与管片预埋钢板以及洞门钢环是否接通,若不接通必须补焊。

②立模、浇筑混凝土

洞门模板采用按设计图特殊加工的钢模板,确保洞门的尺寸精度,立模前涂脱模剂,确保混凝土表面光洁、美观。模板、钢筋、止水条等经检查验收达到设计及规范要求后浇筑混凝土,采用商品泵送混凝土,混凝土直接泵送入模,分层浇筑;采用插入式振捣器捣固均匀,确保混凝土密实,无蜂窝、麻面现象。

③拆模、养护

拆模时间保证 3d 以上,拆模时注意避免磕碰混凝土边脚。洒水养护,保证 14d 龄期内混凝土表面湿润。

④洞门保圆措施

钢模之间用螺栓连接,模板安装经精确定位后,沿径向每 36°设一径向支撑杆,以防止模板变形;端头模板设斜支撑,防止跑模;为防止混凝土浇筑时模板上浮,上部模板焊接支撑,顶部撑在端墙结构上。

(4)洞门施工注意事项

①拆除零环管片前必须对洞口进行透漏水检测,确保开洞时不发生涌水、涌砂现象,保证施工安全。

②洞门模板须到专业厂家定制,确保模板质量。

③水膨性橡胶止水条必须粘贴紧密,位置准确。混凝土浇筑施工过程中,不能松动、破坏已粘贴牢固的水膨性橡胶止水。

④洞门结构钢筋与车站预埋件焊接要牢固,保证车站与隧道刚性连接。

⑤严格按施工配合比拌制混凝土,严格控制水灰比,混凝土捣固要均匀密实,确保混凝土质量达到设计强度和防水等级;严格按设计与规范要求进行各工序的施工,确保洞门施工质量。

第 6 章

盾构隧道施工信息化施工技术

Key Technologies for Construction of Cross-overlapping Twisted Shield Tunnel Groups

Key Technologies for Construction of Cross-overlapping Twisted Shield Tunnel Groups

盾构隧道信息化施工技术，是指在施工过程中，以质量控制为目标，通过对大量施工与检测信息的采集、分解、分类及处理，提取施工参数中影响施工质量的控制变量及其处理，提取施工参数中影响施工质量的控制变量及其对应的信息因子，通过化整为零渐进逼近的方法将控制变量进行全过程调整和优化，指导整个施工过程。

6.1 施工监测与测量

施工监测是指在建（构）筑物施工过程中，采用监测仪器对关键部位各项控制指标进行监测的技术手段，在监测值接近控制值时发出报警，用来保证施工的安全性，也可用于检查施工过程是否合理。施工测量指的是在工程施工阶段进行的测量工作，是工程测量的重要内容。包括控制点的验收与测量定位、布置测量网点、测量管理及施工期间的变形观测等。

6.1.1 监测重点和内容

1）监测目的

在盾构掘进过程中，周围土体产生变化，使地面、建筑物随之变形。根据《城市轨道交通工程监测技术规范》（GB 50911—2013）的相关要求，盾构施工必须进行地面及建筑物跟踪监测。如发现地面及建筑物的沉降加速或差异沉降（倾斜）显著时，应及时向施工方及监理方报警，采取相应措施，如加固、调整施工参数或控制施工进度，做到以监测信息指导施工，确保施工安全。

监测的主要目的如下：

（1）认识各种因素对地表和土体变形等的影响，为有针对性地改进施工工艺和修改施工参数提供数据依据。

（2）预测下一步的地表和土体变形，根据变形发展趋势和周围建筑物情况，决定是否需要采取保护措施，并为确定经济合理的保护措施提供依据。

（3）了解盾构隧道施工中地表隆陷情况及其规律性，了解施工过程中不同深度地层的沉降和水平位移情况，了解施工过程中地下水位的变化情况。

（4）检查施工引起的地面沉降和隧道沉降是否控制在允许范围内。控制地面沉降和水平位移及其对周围建筑物的影响，以减少工程保护费用。

（5）建立预警机制，保证工程施工安全，避免因结构和环境安全事故而造成工程总造价增加。

（6）了解围岩与结构物的相互作用力以及管片的变形情况。

（7）指导现场施工，保障建筑物、构筑物及地下管线的安全。

（8）施工过程中，根据监测数据分析，反馈信息、指导施工。确定合理的盾构掘进模式，精准制定推力大小严格控制地表沉降或隆起量。

2）监测重点

根据本工程线形特点及施工过程中相互影响程度,选取10个典型断面进行监测,每个断面连续监测两环管片,监测范围取典型断面前后50m。先行隧道施工至典型断面时首先取得初始值,后行隧道通过典型断面时对管片的受力、位移及地表变形情况进行监测,同时对重叠隧道的受力及变形情况进行监测。

3）监测内容

(1)隧道受力及变形监测

隧道受力及变形新增监测项目、频率和方法见表6-1。

监测项目汇总表　　　　　　　　　　　　　　　　　表6-1

序号	监测项目	监测频率	监测方法
1	管片应力监测	后行隧道距离先行隧道断面50m范围开始监测,后行隧道每推进6环测一次;断面前后10m范围内,后行隧道每推进3环测一次,且不少于2次/d	每环取4个点位埋设钢筋应力计,读数仪读取数据,同时加设表面应变计
2	管片背后水土压力监测		每环取8个点位埋设土压力盒读数仪读取数据
3	隧道整体位移监测		每环设4个点位,反光贴+全站仪
4	管片接缝应力		每环设4个点位 光纤光栅传感器
5	地表沉降监测	2次/d	水准仪
6	支撑轴力应力	重叠段推进时2次/d	支撑位置安装光纤光栅传感器

(2)地表沉降和管线监测

沿两个盾构隧道轴线按5m间距布设地表沉降测点。同时,按100m间距布设地表横向沉陷槽测点,每个断面约14~17个测点,横向间距2~8m。每个联络通道在洞口处和中间各布置一个断面,每个断面约11个测点,横向间距2~5m。在隧道开挖影响范围内(2倍洞径)的主要地下管线上方地表沿管线轴线按15~30m间距布设地下管线沉降测点。地表及地下管线沉降监测布点应使测点桩顶部突出地面5mm以内。

采用NA2002全自动电子水准仪和钢钢尺等高精度仪器进行地表和地下管线沉降监测。测试频率:开挖距量测断面前后$(0~2)B$时,$1~2$次/d;$(2~3)B$时,1次/d;$(3~5)B$时,1次/周;$>5B$时,1次/月(B为洞径)。可根据施工条件和沉降情况增加或减少观测次数,随时将地表观测信息报告给施工人员。

(3)地面建筑物下沉及倾斜监测

在区间盾构隧道施工影响范围内的房屋承重构件或基础角点、中部及其他构筑物特征部位布设测点。其观测频率与地表沉降观测频率相同。采用NA2002自动电子水准仪和钢钢尺进行量测。

(4)拱顶下沉监测

沿隧道方向在左右隧道拱顶按4~7m间距布设拱顶下沉测点,采用苏光DSZ-2型精密水准仪监测。测试频率:开挖距量测断面前后 $0 \sim 2B$ 时,$1 \sim 2$ 次/d;$(2 \sim 3)B$ 时,1 次/d;$(3 \sim 5)B$ 时 1 次/周;$>5B$ 时 1 次/月(B 为洞径)。

(5)净空收敛监测

在左、右隧道内拱按 $4 \sim 7m$ 间距布设水平收敛测点,与拱顶下沉测点在同一断面内。采用坑道式收敛仪进行量测。测试频率同拱顶下沉。

(6)土体水平位移和地下水位监测

在靠近构筑物或典型断面处布设土体水平位移测点和地下水位测点,土体水平位移测点距隧道边线 2m 左右,水位测点距隧道边线 $5 \sim 7m$ 或构筑物旁。土体水平位移采用 SINCO 倾斜测试仪和聚氯乙烯(PVC)测斜管进行监测,水位监测采用水位观测仪及水位观测管等进行观测。测试频率同拱顶下沉。

6.1.2 监测基准点的设置

1)基准点的建立

水准路线控制网布设的基本原则采用分级布设,二级水准控制点利用城市中的永久基准点或工程施工时使用的基准点,作为监测基准点或工作基点。如现场没有合适的水准基点,用长 1m、直径 10mm 的螺纹钢筋嵌入地层、在用水泥围护衬砌成方形墩稳固水准控制点,点高于水泥墩 1cm 的稳定区域。根据盾构区间地表、管线、建(构)造物的监测点数量、分布情况,本工程确定加密布设 4 个施工水准路线控制点,编号为 HD01~HD04,加密控制点的布设距离为 $200 \sim 400m$,距隧道边线距离均大于 100m,基准点联测周期为 1 次/月。采用往返闭合环的形式复测基准点。

2)水准控制网主要技术指标

水准测量使用的仪器为经检定合格的天宝 dini12 电子水准仪及配套钢钢条码尺,标称精度 0.3mm/km,外业按二等水准要求施测。

(1)观测顺序

①往测奇数站为:后—前—前—后;偶数站为:前—后—后—前。

②返测奇数站为:前—后—后—前;偶数站为:后—前—前—后。

(2)水准测量技术指标

水准测量技术要求见表6-2。外业计算取位见表6-3。

精密水准测量的主要技术要求 表 6-2

等级	往返较差、附合或环线闭合差(mm)	每千米水准测量偶然中误差(mm)
二等	$\Delta \leqslant \pm 8\sqrt{L}$	$M\Delta = \pm \leqslant \pm 2$

注:L 为测段、附合或环线的路线长度(km),当测段长度小于 0.1km 时,按 0.1km 计算。

外业计算取位表 表 6-3

等级	往(返)测距离总和(km)	测段距离中数(km)	各测站高差(mm)	往(返)测高差总和(mm)	测段高差中数(mm)	水准点高程(mm)
二等	0.01	0.1	0.01	0.01	0.1	1

6.1.3 光纤光栅应变监测技术

1）光纤 Bragg 光栅传感技术

光纤 Bragg 光栅传感技术是利用紫外发展光在光纤内部写入的光栅反射或透射布拉格波长光谱，实现被测结构的应变和温度量值的变化测量。光纤光栅的反射或透射波长光谱主要取决于光栅周期 Λ 和反向耦合模的有效折射率 n_{eff}，任何使这两个参量发生改变的物理过程都将引起光栅布拉格波长的漂移，如式（6-1）所示。

$$\Delta \lambda B = 2n_{\text{eff}} \cdot \Delta \Lambda \tag{6-1}$$

式中：$\Delta \lambda$——光纤光栅反射波长（m）；
  B——光纤光栅反射片面积（m^2）；
  $\Delta \Lambda$——光纤光栅反射周期（m）。

所有引起光栅布拉格波长漂移的外界因素中，最直接的为应变参量，无论是对光栅进行拉伸还是压缩，都会导致光栅周期 Λ 的变化，并且光纤本身所具有弹光效应使得有效折射率 n_{eff} 也随外界应变的变化而变化，这为光纤布拉格光栅制成光纤光栅应变传感器提供了最基本的物理特性。其传感原理如图 6-1 所示。

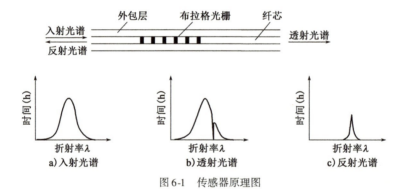

图 6-1 传感器原理图

应变引起光栅布拉格波长漂移可以用式（6-2）给予描述。

$$\Delta \lambda B_\varepsilon = \lambda B(1 - P_e) \cdot B_\varepsilon = K_\varepsilon \cdot \Delta \varepsilon \tag{6-2}$$

式中：B_ε——光纤光栅反射片相对于隧道垂直投影面积（m^2）；
  λ——光纤光栅波长（m）；
  P_e——光纤的弹光系数；
  K_ε——测量应变的灵敏度。
  其他符号意义同前。

由于温度变化也会引起的布拉格光栅波长的变化，二者关系如式（6-3）所示。

$$\Delta \lambda BT = (a + \xi) \cdot \Delta T = KT \cdot \Delta T \tag{6-3}$$

式中：a——Bragg 的热膨胀系数；
  ξ——Bragg 的热光系数；
  T——温度；

ΔT——温度变化周期；

K——温度变化系数；

其他符号意义同前。

由式(6-2)可知，基于此原理的光纤光栅应变传感器是以光的波长为最小计量单位的，而目前对光纤光栅布拉格波长移动的探测达到了 pm 量级的高分辨率。因而其具有测量灵敏度高的特点，而且只需要探测到光纤中光栅波长分布图中波峰的准确位置，与光强无关，对光强的波动不敏感，比一般的光纤传感器具有更高的抗干扰能力。该传感器的动态范围大(达 $10000\mu\varepsilon$)，线性度好。另一方面在应变测量中，为了克服温度对测量的影响，由式(6-3)可以看出，在测量系统可采用同种温度环境下的光纤光栅温度补偿传感器进行克服。

光纤光栅具有以下主要优点：

(1) 光纤光栅传感器调制的是波长信号，不存在多值函数问题，与光源、传输和连接件的损耗等强度信息没有关系，因此对环境干扰不敏感。

(2) 一根光纤上可以刻多个光栅，而光栅本身很小，可以实现准分布式测量，具有很高的空间分辨率。

(3) 光纤光栅可以单端输入和单端检测，减少了埋入光纤与探测元件的数量，特别适于物理量(如应变和温度场等)的测量。

(4) 光纤光栅很细，埋入或粘贴后不影响结构的性能，对测量场也不会产生很大的影响。

(5) 光纤光栅是无源传感器，不受电磁场的影响，也不发热，特别适合电磁场强烈的环境。

(6) 光纤光栅的材料是非金属材料，耐腐蚀能力强。

(7) 由于电信业的迅猛，光纤光栅的成本必然越来越低。

2) Si425 光栅解调仪

Si425 光栅解调仪是由美国 Micronoptics 公司提供的最新传感技术产品。该仪器是一个大功率、高速度、多传感器的测量系统。该仪器使用了 Micron Optics 专利技术校正波长扫描激光器，4 根光纤可连多达 512 个传感器。

(1) 仪器特点

该仪器的特点是精度高，灵敏度好，可靠性高，测量点多，测量范围大，传感器结构简单、尺寸小。适于各种应用场合，抗电磁干扰，抗腐蚀，能在比较恶劣的化学环境下工作。

(2) 主要技术参数

波长范围：1525~1566nm；

光学通道数：4 个；

每通道最大传感器数量：128 个(4 通道共 512 个)；

重复性：典型 2pm($1.7\mu\varepsilon$，最大 5pm)；

精度：+/-1pm；

扫描频率：250H；

典型光栅结构：切趾型，反射率 >90%，$BW<0.25$nm；

动态范围：25dB；

光学接头：FC/APC。

3）数据分析原理

本监测的直接测量物理量为波长，经光栅传感器标定如图 6-2 所示，通过式（6-4）可计算出某次测量的微应变。然后通过图 6-3 即可求得相应的转角、挠度、应力、弯矩、剪力、载荷等力学物理量。根据标定试验还发现，当传感器受拉时，波长增加；当传感器受压时，波长减小，故可根据波长的增大或者减小来判断传感器的拉压情况。

$$\varepsilon = (\lambda_i - \lambda_o) \times 1060.64 \tag{6-4}$$

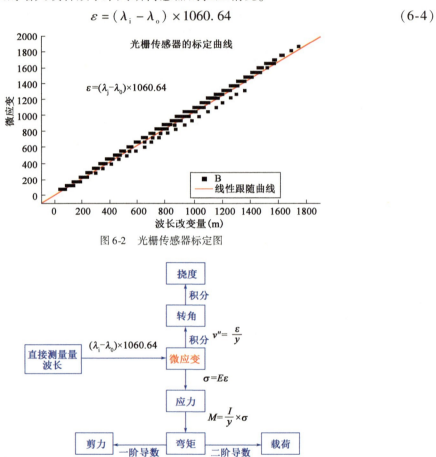

图 6-2 光栅传感器标定图

图 6-3 光栅传感器数据分析原理图

6.1.4 施工监测频率

根据工况合理安排监测时间间隔，做到既经济又安全。根据设计图纸的要求及相关规范规定，监测频率见表 6-4。

施工监测频率表　　　　　　表 6-4

序号	监测项目	量测断面距开挖工作面距离	监测频率
1	地表沉降监测	盾构切口前 30m、盾尾后 50m	1 次/d
		>8D	1 次/2d

续上表

序号	监测项目	量测断面距开挖工作面距离	监测频率
2	净空收敛及拱顶、底沉降	<3D	2次/周
		>3D, <5D	1次/周
		>5D	1次/2周
3	地下管线监测	<3D	1次/d
		>3D, <5D	1次/d
		>5D	1次/周
4	建筑物竖向位移	盾构切口前30m、盾尾后50m内2次/d,其后逐渐递减至1~2/周	
5	建筑物水平位移		
6	建筑物倾斜		

注:1. D 为隧道开挖宽度(6.37m)。
2. 现场监测采用定时观测与跟踪观察相结合的方法进行。
3. 监测数据有突变时,监测频率加密直至跟踪监测。
4. 各监测项目的开展、监测范围的扩展,随盾构施工进度不断推进。
5. 变化量连续3次沉降速<0.5mm,停止监测。

6.1.5 控制指标

建构筑物控制指标见表6-5。

建筑物控制指标　　　　　表6-5

重要性等级	允许沉降控制值（mm）	允许沉降报警值（mm）	位移最大速率控制值（mm/d）	位移最大速率报警值（mm/d）	倾斜控制值
Ⅱ	<30	<24	3	2.4	2‰

地表沉降(隆起)控制指标见表6-6。

地表沉降(隆起)控制指标　　　　　表6-6

施工方法	监测项目及范围	允许位移控制值（mm）	允许位移报警值（mm）	位移最大速率控制值（mm/d）	位移最大速率报警值（mm/d）
盾构法	地表沉降	<-30	<-24	5	4
	地表隆起	<+10	<-24	3	2.4

成形隧道收敛控制指标见表6-7,成形隧道拱顶、底沉降控制指标见表6-8。

成形隧道收敛控制指标　　　　　表6-7

施工方法	监测项目及范围	允许位移控制值(mm)	允许位移报警值值(mm)
盾构法	横向直径椭圆度	<±12.4(±2‰D)	<±9.92(±1.6‰D)
	竖向直径椭圆度	<±12.4(±2‰D)	<±9.92(±1.6‰D)

成形隧道拱顶、底沉降控制指标 表6-8

施工方法	监测项目及范围	允许沉降控制值(mm)	允许沉降报警值(mm)
盾构法	成形隧道沉降	−30	−24
	成形隧道隆起	+10	+8

地下管线控制指标见表6-9。

地下管线控制指标 表6-9

重要性等级	允许位移控制值(mm)	报警值(mm)	速率(mm/d)
Ⅰ(有压管线)	20	16	2
Ⅱ(无压雨水、污水管线)	30	24	
Ⅲ(无压其他管线)			

联络通道监测控制指标见表6-10。

联络通道监测控制指标 表6-10

施工方法	监测项目及范围	允许沉降控制值(mm)	允许沉降报警值(mm)
冻结暗挖	隧道管片沉降	+10 ~ −30	+8 ~ −24
	隧道管片收敛	±30	±24
	管片沉降	+10 ~ −30	+8 ~ −24

6.1.6 预警的分类与分级

监测数据预警级别分类见表6-11。

监测预警级别分类表 表6-11

警戒级别	预警状态描述
黄色监测预警	"双控"指标(累计变化量、变化速率)其中一项超过监控量测控制值的80%时
橙色监测预警	"双控"指标(累计变化量、变化速率)其中一项超过控制值
红色监测预警	"双控"指标(累计变化量、变化速率)均超过监控量测控制值

6.1.7 异常情况及应急措施

1)异常情况下的应急措施

(1)若发现监测数据异常项目部全体监测人员应立即开始24h跟踪监测。
(2)监测结果现场口头向相关部门进行汇报,并会同相关部门一起对事故进行分析和处理。
(3)加强监测和巡视,根据异常情况和异常段落增加监测点数量,增加监测频率。
(4)增加监测人员、增加监测设备,对该工点及周边环境进行全面排查。
(5)配备足够的夜间照明设备,保证昼夜连续观测。
(6)加强对构建筑物的变形、裂缝、沉降的监测,通过监控量测及时掌握建筑物的变形情况,及时调整施工工艺,确保建筑物保护管理在可控状态;盾构穿越后仍需监测,直到沉降变形基本稳定为止。

2）仪器出现故障时的应急措施

为能确保数据的及时、真实可靠性,监测工作的连续性,本工程配备两台天宝进口水准仪,一台日常测量,一台备用。

3）恶劣气候条件下的应急措施

(1)配备雨衣、雨鞋及其他防雨、防风工具,确保恶劣气候条件下各类监测仪器设备能够正常观测。

(2)遇灾害性天气,所有监测人员常驻施工现场,增加监测频次,增加监测人员,日夜巡视,对异常段进行实时不间断跟踪监测。

(3)恶劣天气过后对所有监测点进行一次全面的监测,并对监测结果做出分析。

(4)尽可能采用直观、可靠的监测方法和手段,确保恶劣气候条件下仍能够及时、快速地监测基坑的变化情况。

4）监测点保护、损坏补救方案

(1)现场储备相应数量的各类监测标志和材料,并保持完好。

(2)所有各类监测点设立醒目的警示标志,严禁人员和机械无故破坏。

(3)施工地段监测点周围进行围护,并派专人进行巡视。

(4)监测基准网及工作基点周围并进行围护,保证稳定可靠。

(5)监测点碰动应立即进行加固,并尽快重新进行观测。

(6)对于被破坏的监测点,有条件时按原监测点布置要求进行补设,并及时测定初始值,并做好原变形值的移植工作。上报监理及第三方监测单位。

6.1.8 监测自身风险源分析与应急措施

1）风险源分析

(1)监测作业安全风险:进入工地未穿戴劳动防护用品、仪器损坏等。

(2)恶劣天气潜在风险:监测过程中如遇恶劣气候条件,仪器无法进行正常作业,此时将影响监测数据采集的连续性,对工程安全评判带来潜在安全风险。

(3)监测成果达到报警值后的潜在风险:监测数据达到报警值后,应及时上报,分析原因,采取相应对应措施,当监测数据上报滞后,或者从原因分析到采取措施时间间隔过大时,将对有效控制变形及安全状态带来潜在风险。

(4)仪器及测点突然损坏潜在风险:在施工阶段,仪器及部分测点宜受施工影响被损坏,此时将影响到监测数据采集的连续性,对工程安全评判带来潜在的安全风险。

2）应急措施

(1)作业安全应对措施

所有监测人员在上岗之前都要接受岗位安全培训。对于新调来的工作人员,首先要进行安全生产培训,进入施工现场必须戴安全帽,正确使用个人劳保防护用品。在道路进行监测人员必须穿戴黄色安全背心,注意来往车辆。

(2)恶劣天气应对措施

①在靠近重要建筑物等地段的地方做好备忘录,对现状如实记录,一旦有异常预兆,马

上分析原因并通知相关单位,采取相应的措施。

②监测过程中如遇恶劣气候条件,如水准仪全站仪无法进行工作时,应及时加强施工影响范围内巡视,同时依靠现场监测经验,结合现场工况分析不利于施工安全的因素,通过其他受气候条件影响较小的监测项目监测成果判断安全性。

（3）监测成果达到报警值后的应对措施

①对达到报警值的监测数据,将第一时间上报业主、监理、施工及设计单位,监测单位组织技术人员进场加强观测。根据险情编制临时监测小组、数据处理小组、数据分析小组,并加强监测频率,密切关注报警测点监测数据动态。

②经过相关数据分析、结构计算、地质调查和环境观测对报警数据做出解释。

③对重点部位和区域加密测点,并增加监测频率。

④增加相关数据采集人员和数据分析人员。

⑤配备足够的夜间照明设备,保证昼夜连续观测。

（4）仪器及测点突然损坏的应对措施

①对日常使用的监测仪器应定期或不定期进行校核,确保采集的数据真实、可靠,同时应配备足够的备用监测仪器,当现场仪器出现故障或损坏时能及时调换,保证监测工作的正常进行。

②现场储备相应数量的各类监测标志和材料,并保持完好。

③施工地段监测点,专人进行巡视。

④监测基准点周边进行围护,保证稳定可靠。

⑤监测点损坏的应立即在原来位置重新埋设,并尽快进行观测,保证数据的连续性和可靠性。

6.1.9　监测信息报送

（1）监控信息报送

监控信息包括预警快报、日报、周报、月报。巡视信息包括周边环境巡视情况。其中日报须于当日 17:00 前上报,报送内容包括当日工况信息、监控量测数据、巡视信息和预警建议信息等。预警快报须及时通过口头、电话或者短信等形式上报,必要时越级上报,且两小时内通过信息管理平台发布,报送内容主要包括风险事件、地点、风险状况、原因初步分析、变化趋势、风险处理建议等。周(月)报分别于每周五或每月的 28 日上报,内容包括近一周或一月的施工进度、监测数据、巡视信息及异常情况、风险预警情况、反馈落实及风险处理情况、变化趋势、存在问题、下一步风险处理建议。

（2）施工安全风险信息报送流程

各监控层应根据各自报送的监控及预警信息内容、报送形式、方式、时间要求和报送对象等进行信息上报报送和信息反馈。一般情况下,施工安全风险监控和预警信息应逐级网上报送,上一级监控或管理层根据具体情况选择往下反馈流程,如图 6-4 所示。

当各监控层判断风险工程为综合预警状态或可能发生重大突发风险事件时,应先采取有关处理措施并第一时间上报,必要时可越级上报,接到信息的各监控管理层及时组织分析、处理和往下反馈流程如图 6-5 所示。

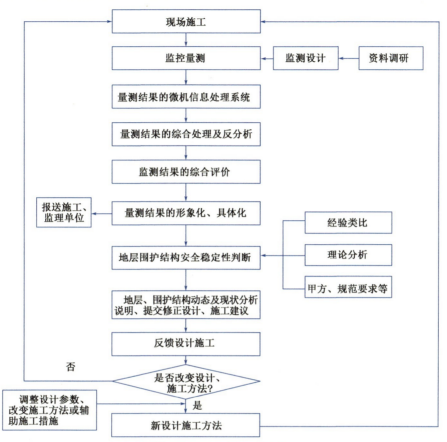

图 6-4　监测信息上报流程图

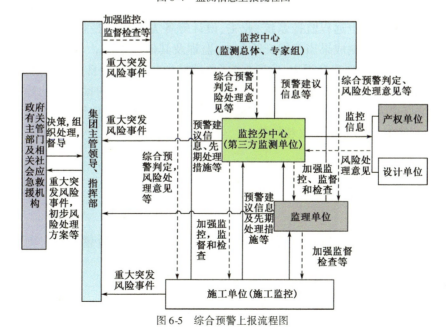

图 6-5　综合预警上报流程图

6.1.10　监测数据处理及信息反馈

1）资料整理、提交及流程

在现场设立微机数据处理系统,进行实时处理。每次观察数据经检查无误后送入微机,经过专用软件处理,自动生成报表。监测成果当天提交给业主、监理,及其他有关单位。出现异常情况及时提供速报,并向建设方、监理方发出警报,提请有关部门关注,以便及时决策并采取措施。监测资料每天以报表形式提交,监测报表经签字确认以后会及时提交给相关各方,当天报表将注明工况并对监测数据进行分析。现场监测工程师分析当天监测数据及累计数据的变化规律给出当天监测成果的评价分析意见。根据相关单位要求提供监测阶段报告,其中包括对数据的汇总、分析和评价。监测工程结束后一个月内提供监测总结报告。

2）信息反馈制度

信息化监测和成果反馈包括多个环节,从监测仪器的快速数据采集、监测数据的快速处理到监测成果的及时传达,进而迅速采取措施等。主要分成如下几个阶段：

(1)采集数据(包括目测),对数据进行初步分析,初步判断监测对象安全,如果情况可疑应通知业主,并做进一步监测验证。

(2)数据录入计算机,在监测工作结束后 2h 内通过远程监控系统上报至监控分中心。

(3)审核合格,生成成果报告,这里主要指阶段报告(全部监测工作结束后,生成最终报告)。

(4)如果处理计算过程中发现监测数值过大,达到警戒值,应加大监测频率,采取控制位移变形的施工措施。

(5)如果监测数值过大,达到了控制值,那么立即紧急通知各方,停止施工,并启动业主相关的抢险预案,积极配合业主抢险。直到措施得当,危险解除,可以施工为止。

(6)生成监测成果报告后(全部监测工作结束后,生成最终报告)。成果报告和相关主要数据、图表一并上传至远程监控系统,业主、设计等各方在得到授权的情况下均可以进行实时查询监测成果,监测成果当天提交给业主、监理及其他有单位。

(7)监测成果主要分为日报表、阶段报告、总结报告三种类型,日报表主要反映各项监测项目当日的变形量,阶段报告主要反映一个阶段各项监测项目随时间的变化趋势,主要用图表反映,总结报告主要反映整个项目施工监测项目数据的整体变化情况,主要用图形表示,分析各项数据随时间的变化特点和趋势。

6.1.11　现场巡视

1）巡视内容

(1)建筑物:建(构)筑物开裂、剥落。包括裂缝宽度、深度、数量、走向、剥落体大小、发生位置、发展趋势等。

(2)道路(地面):

①地面开裂包括裂缝宽度、数量、走向、发生位置、发展趋势等。

②地面沉陷、隆起：包括沉陷深度、隆起高度、面积、位置、距墩台的距离、距基坑（或隧道）的距离、发展趋势等。

③地面冒浆/泡沫：包括出现范围、冒浆/泡沫量、种类、发生位置、发展趋势等。

(3) 地下管线：管体或接口破损、渗漏。包括位置、管线材质、尺寸、类型、破损程度、渗漏情况、发展趋势等。

(4) 周边施工：工程周边开挖、堆载、打桩等可能影响工程安全的其他生产活动。

(5) 其他：基准点、监测点、监测元器件的完好状况、保护情况。

2) 巡视方法

巡视检查以目测为主，可辅以锤、钎、量尺、放大镜等工器具以及摄像、摄影等设备进行。

3) 巡视频率

盾构施工过程中，对周边环境每天巡视一次。对预警部位，应作为关注目标适当增加巡视频率。

4) 巡视资料整理

(1) 文字报告：巡视完毕之后，进行资料整理，形成文字报告放在监测日报里，报告形式可采用记录表格的形式。报告内容包括：巡视时间、巡视地点、巡视对象、巡视内容、存在问题描述、原因分析、安全状态评价、采取措施建议等。

(2) 图像资料：巡视风险工程过程中所拍摄的照片进行存档，周边环境巡视预警标准见表 6-12。

周边环境巡视预警参考表　　　　　　表 6-12

巡视内容		巡视状况描述	安全状态评价			
			正常	黄色预警	橙色预警	红色预警
建构筑物	建构筑物开裂、剥落	施工造成建构筑物承重墙体、柱或梁出现开裂、剥落				★
		施工造成建构筑物非承重墙体出现开裂、剥落，影响正常使用			★	
		施工造成建构筑物非承重墙体出现开裂、剥落，不影响正常使用		★		
道路（地面）	地面开裂	强烈影响区内地面产生开裂，其裂缝宽度、深度或数量有增加情形				★
		开挖施工影响区内造成局部地面开裂，裂缝宽度在 5～10mm，暂无扩大情形			★	
		开挖施工影响区内造成局部地面开裂，裂缝宽度在 50mm 以下，暂无扩大情形		★		
	地面沉陷、隆起	在基坑边坡滑移面附近或隧道中心线上方出现沉陷或隆起，或沉陷严重影响交通				★
		地面出现明显沉陷或隆起，轻微影响交通			★	
		地面出现沉陷或隆起，暂不影响交通，或在建构筑物、墩台周边出现明显的相对沉陷		★		
	地面冒浆/泡沫	盾构背面注浆/泡沫、矿山法隧道超前支护注浆等施作时引起地面冒浆		★		

续上表

巡视内容		巡视状况描述	安全状态评价			
			正常	黄色预警	橙色预警	红色预警
地下管线	管体或接口破损、渗漏	地下管线持续漏水(气)，且有扩大趋势			★	
		地下管线持续漏水(气)，暂无扩大趋势		★		
		地下通信电缆被切断				★
		地下输变电管线破坏				★
	管线检查井等附属设施的开裂及进水	施工影响范围内地下管线的检查井等附属设施出现开裂或进水		★		
邻近施工		严重扰动工程周边地质，支护结构受力变化大，对支护体系产生不利影响			★	
		扰动工程周边地质，支护结构受力变化较大，对支护体系产生不利影响		★		

6.1.12　隧道受力变形监测数据分析

根据区间施工进度，分阶段对重叠段隧道掘进过程中相互影响关系进行分析。目前 5 号线、6 号线环宾区间交叉、重叠隧道已施工完成，本次以 6 号线环宾区间为例分两种工况对监测数据进行分析，工况一为 6 号线环宾区间右线（上部隧道）穿越 7 断面时对环宾区间左线（下部隧道）的影响；工况二为 6 号线环宾区间右线（上部隧道）穿越 8 断面时对环宾区间左线（下部隧道）的影响。

分析以下三方面的内容：

(1)上部隧道施工时对下部隧道的影响。

(2)重叠隧道是否有加设支撑的必要。

(3)采用常规措施是否可有效控制四条隧道扰动下的地表及周边建构筑沉降。

1）管片钢筋应力监测

根据监测原则，对管片钢筋应力监测共分三个阶段进行，分别是穿越前、穿越中、穿越后，现场专职人员根据不同阶段的监测频率进行实测，并做好监测报表及折线图，具体数据如图 6-6、图 6-7 所示。

结论：下部隧道管片钢筋应力数据在上部隧道通过时变化平稳，无明显变化。上部隧道盾构机穿越时，对下部隧道管片钢筋应力基本无影响（0～2kN）。断面 8 钢筋应力（2～19kN）比断面 7（3～17kN）应力数值整体偏大。

2）管片土压力监测

根据监测原则，对管片土压力监测共分 3 个阶段进行，分别是穿越前、穿越中、穿越后，现场专职人员根据不同阶段的监测频率进行实测,并做好监测报表及折线图。穿越断面7土压力盒布置如图6-8所示,穿越断面7土压力监测图如图6-9所示。穿越断面8土压力盒布置如图6-10所示,穿越断面8钢筋应力监测图如图6-11所示。

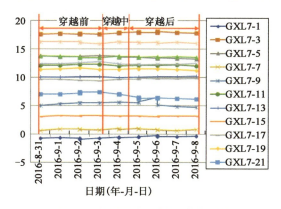

图6-6 穿越断面7钢筋应力监测图

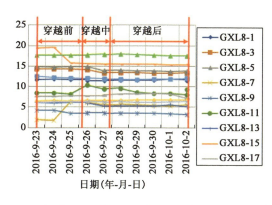

图6-7 穿越断面8钢筋应力监测图

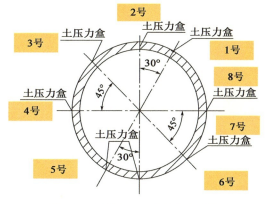

图6-8 穿越断面7土压力盒布置图

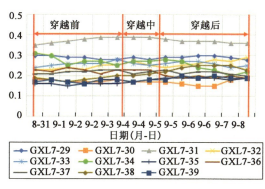

图6-9 穿越断面7土压力监测图

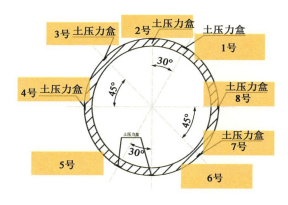

图6-10 穿越断面8土压力盒布置图

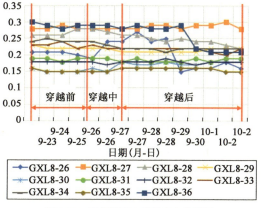

图6-11 穿越断面8钢筋应力监测图

从土压力历时曲线可以看出:
(1)后行隧道通过时对先行隧道背后土压基本无影响。

(2) 后行隧道对先行隧道的影响范围在 0.03～0.05MPa。

(3) 隧道腰部土压最大(4、8 号)，中上部(1、3 号)土压最小，隧道下部比上部土压大。

3) 隧道整体位移

穿越断面 7 隧道水平、垂直位移监测如图 6-12 所示，穿越断面 8 隧道水平、垂直位移监测如图 6-13 所示。

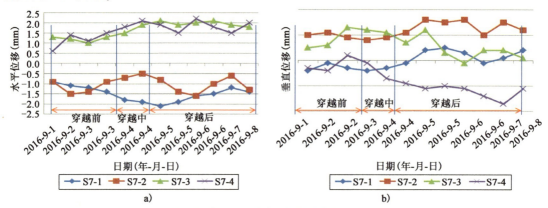

图 6-12　穿越断面 7 隧道水平、垂直位移监测图

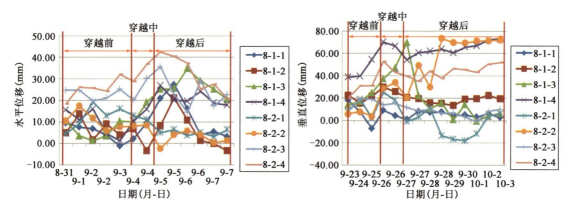

图 6-13　穿越断面 8 隧道水平、垂直位移监测图

4) 管片环缝应变监测

根据监测原则，对管片环缝应变监测共分三个阶段进行，分别是穿越前、穿越中、穿越后，现场专职人员根据不同阶段的监测频率进行实测，并做好监测报表及折线图。穿越断面 7 管片环缝监测如图 6-14 所示，穿越断面 8 管片环缝监测如图 6-15 所示。

结论：(1) 上部盾构穿越过程中，下部隧道管片环缝整体呈受拉趋势，约占总数 88%。

(2) 上部盾构穿越过程中，下部隧道管片环缝应变值变化较小，应变范围为 -17.99～73.28N。

5) 地表沉降监测

根据监测原则，对地表沉降监测共分 3 个阶段进行，分别是穿越前、穿越中、穿越后，现场专职人员根据不同阶段的监测频率进行实测，并做好监测报表及折线图，穿越断面 7 地表沉降监测如图 6-16 所示,穿越断面 8 地表沉降监测如图 6-17 所示。

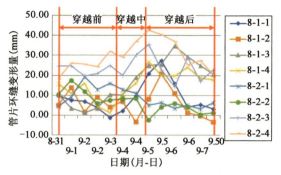

图 6-14 穿越断面 7 管片环缝监测图

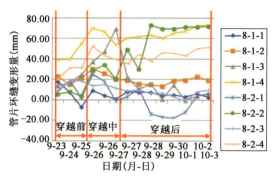

图 6-15 穿越断面 8 管片环缝监测图

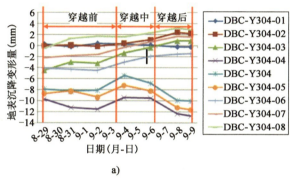

图 6-16 穿越断面 7 地表沉降监测图

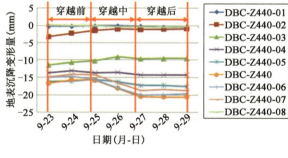

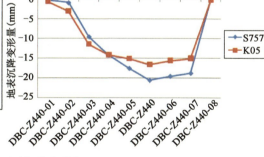

图 6-17 穿越断面 8 地表沉降监测图

地表沉降监测总结分两个方面进行分析,分别是历时总结及累积总结两个方面。

(1)从环宾右线施工期间地面累积沉降历时曲线,可以看出:

①盾构穿越前(刀盘前方)地表成隆起趋势(0~1.8mm);

②盾构穿越过程中盾构机上方地表有一定的沉降趋势(沉降量 1~5.2mm);

③盾构穿越后 1~3d,天沉降最大(累计 -20.55mm)后期逐渐趋于稳定。

(2)通过对下部隧道(小松 K05)和上部隧道(海瑞克 S757)通过后的累积沉降数据进行对比分析,得出结论如下:

①上部隧道施工沉降较小;

②盾构施工时隧道中线位置地面变形叠加效应显著。

6）支撑轴力监测

穿越 7 断面支撑轴力监测图如图 6-18 所示，穿越 8 断面支撑轴力监测图如图 6-19 所示。

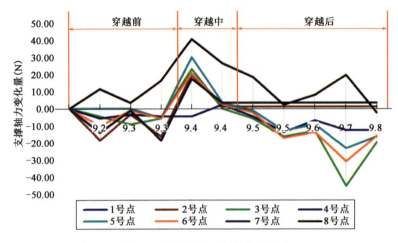

图 6-18　穿越 7 断面支撑轴力监测图

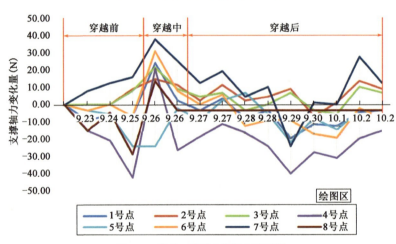

图 6-19　穿越 8 断面支撑轴力监测图

由图 6-18、图 6-19 可知：支撑台架采用"被动支顶、密贴管片，支撑紧随上部隧道"的原则，过程中不主动施加轴力。支撑台车在盾构到达该断面时轴力明显增大，穿越后轴力逐渐减小，支撑轴力变化范围为 0~40N。

6.1.13　预防与预警

1）危险源预防

（1）构筑物坍塌事故

①开工前监测：盾构始发前对隧道轴线周边建筑物进行高程测量，房屋情况调查，保留

测量数据,原始地貌拍照留存,并经现场监理工程师确认。

②盾构施工过程中,每天对地面沉降情况加强监测,对数据进行及时分析,为施工提供可靠依据。

③预防措施:

a. 施工前做好隧道沿线建构筑物做好调查。

b. 加强盾构掘进参数控制,避免由于土压过低、出渣量过多造成地面沉降。

(2) 机械伤害

①施工设备进场及时进行检查,特种设备报请常州市特种设备监督检验所进行检验。杜绝违章或无证操作。

②预防措施:

a. 严格执行操作规程操,特殊工种必须持证上岗。

b. 加强对设备维修保养。

(3) 触电伤害

①施工前先根据施工组织设计编制《临时用电施工方案》,并经审批后实施。

②施工用电按设计进行,由持证电工进行布设。施工中由电工进行巡视检查,安全员监督检查,发现问题及时处理。

③预防措施:

a. 严格执行《施工现场临时用电安全技术规范》(JGJ 46—2005)。

b. 按要求配备漏电保护器及配电箱。

c. 电工持证上岗作业,非电人员禁止操作。

(4) 起吊作业及其他高空作业坠落事故的预防措施

①严格按规范设置围栏、安全网。

②做好警示标识。

③按规定配备使用个人防护用品。

④加强龙门式起重机管理检测,吊具勤检查更换。

⑤严格按操作规程作业。

(5) 物体打击事故的预防措施

①教育工人进入施工现场必须佩戴安全防护用品,做好个人防护。

②对作业人员进行培训教育,严格操作规程,杜绝违章作业。

③及时清理施工现场,文明施工。

④门式起重机起吊前严格检查,吊带要栓靠牢固,对小型机具按规定装好防护罩。

(6) 地下管线损坏事故

本合同段地处交通要道下方,地下各种管线纵横交错,存在重大危险的为燃气管道和高压线。施工前到常州市档案局进行管线查询并联系各管道管理公司摸清管线线路走向,根据施工影响情况,制定相应方案加以保护。地面加固施工前进行人工挖探沟的方法进一步确认地下管线情况,避免发生管线损坏事故。预防措施:

①施工前召开专家评审会,对可能出现的情况,处理措施进行分析。并制订切实可能专

项方案(目前已召开专家评审会,并已制订专项施工方案,上报地铁公司)。

②施工前编制专项作业指导书,对所有施工人员进行技术交底,并邀请监理和驻地业主旁站。

2)预警行动

事故发生现场、盾构公司负责人及工程技术人员和安全主管部门应采取以下行动。

(1)迅速调查掌握基本情况

事故发生时间与地点、种类、强度。已知的危害方向,事故可能扩大范围;事故现场伤亡情况,现场人员是否已安全撤离。是否还在进行抢险活动,有无火灾与爆炸伴随,现场的方向、风速,事故危及项目外的可能性。

(2)报告与通报

在掌握事故情况后应立即判明或已经发现事故危及项目外时,应立即向有关单位或部门进行报告。报告负责本项目部的业主(常州轨道交通集团)及驻地监理(江苏建科建设监理有限公司与江苏阳湖建设项目管理有限公司)(联合体);报告单位上级领导部门(中铁隧道集团有限公司);根据事故的严重程度及情况的紧急程度,按预案的应急级别发出警报。

(3)组织抢救与抢险

制止危害扩散的最有效措施是迅速消除事故源,制止事故扩展。同时,因本单位最熟悉事故设施和设备的性能,懂得抢险方法,必须组织尽早抢救与抢险。要迅速集中力量和未受伤的岗位职工,投入先期抢险,包括:抢险受伤害人员和在危险区域的人员,组织经培训过的医务人员抢救伤员,并将伤员转移至安全地带;停止设备运转、灭火、隔离危险区等;清点撤出现场人员数量,组织本单位人员撤离危险区;组织力量为前来应急救援的队伍创造条件。

6.1.14 控制点的验收及测量定位

施工测量指的是在工程施工阶段进行的测量工作,是工程测量的重要内容。包括控制点的验收及测量定位、布置测量网点、测量管理和施工期间的变形观测等。

1)控制点的验收及测量定位

(1)用于测量定位的全站仪、经纬仪、水准仪、钢卷尺等仪器、量具,施工前进行计量鉴定,以保证放样定位的精度。测量仪器、量具均具备检定合格证书。

(2)工程桩放样前,首先对业主提供的控制点测量基准线、水准基点进行复核,并认真核算桩位与轴线关系,在确保所有点线关系准确后再进行桩位的放样定位。基准点设在不受施工影响的区域,在施工中妥为保护。放样工作在硬地坪上进行,由控制点定出桩位并放出周围引桩,将所有桩位均放在硬地坪上,并做好永久性标记以便现场监理验收和以后施工。

(3)开工前做好施工测量方案设计,测量成果和资料必须报监理工程师审查。内容包括施测方法和计算方法、操作规程、观测仪器设备的配置和测量专业人员的配备等。

(4)根据设计人员提供的数据测量资料精确地测定建筑物的位置,进行放样和完成全部测量数据的计算工作。

(5)全部测量数据和放样都应经监理工程师的检查。必要时监理工程师应对承包人进行旁站监督检查。

2）布置测量网点

根据设计和总控制测量单位提供的测量数据资料研究布设自己的控制网点。这些增设的控制网点必须完全吻合设计和总控制测量单位提供的三角网点和水准网点的基本数据，并应满足规定的施测精度。在基坑开挖前，先布置好每个基坑的测量网点，放出各轴线位置及地面高程。以保证控制挖土高程，这项工作对于整个基坑施工有着举足轻重的影响，现场施工人员必须加以重视。对测量基线网点，设备基础的高程、中心线和地脚螺栓的高程、中心要严格控制。盾构施工前对根据业主所交测量点进行基坑导向测量和高程控制测量，满足始发台定位要求。

3）测量管理

本工程施工测量不同于一般工程测量，施测的周围环境和条件复杂，要求的施测精度相当高，为了保证建筑物位置、尺寸准确，必须加强控制测量，严格执行三级测量复测制。

测量管理顺序如下：

（1）中标后，立即派公司精测队与经理部的测量组会同设计单位进行现场交接桩。并做好水准点、导线点的交接记录和复核记录。

（2）根据设计单位交付的控制桩，开工前公司精测队采用 GPS 定位系统、全站仪、精密水准仪对本标段进行恢复定线测量，布设足够的合格控制点，精心做好标志，做到点位稳定、单一、清晰易找。

（3）根据设计资料，采用三维坐标解析法进行施工放样。净空断面测量用解析法测量。做好施工测量记录和复测记录。

（4）由于工程全线分为若干标段施工，为避免差错，必须与邻近工程标段进行贯通联测，做好工程测量的衔接。

（5）各种控制点必须是混凝土点或铁心，施工中得到妥善保护不得松动和破坏。由施工引起标桩位置的变动时，及时通知监理工程师进行校正。

（6）内业计算资料由两组现场人员使用不同的计算工具和不同的方法分别计算，在每一个阶段和最后成果相互校核，以保证计算正确无误。

（7）对本标段的竣工复测成果与施工准确放样资料报设计、监理、业主审批后方能施工。

（8）各种测量计算资料记录要正规、准确、不得涂改，并附有必要的草图，测量、计算、复核人员必须签字，资料要专人保管，做好竣工资料的移交。

6.1.15 测量内容

1）盾构区间施工测量内容

中标后，立即组织公司精测队根据业主提供的工程定位资料和测量资料，并对所给三角网点、水准网点及其他控制点用 GPS 静态定位技术进行复测。同时加设施工过程中使用的固定桩，并密切与监理工程师配合，严格遵守业主要求的工程测量技术规范，并将测量成果书面报请监理工程师及业主审查、批准。

盾构联系井测量可分为平面坐标传递和高程传递。平面坐标传递用陀螺定向法将地面坐标及方向传递到始发井隧道中,如图6-20所示。用逆转点法测出地面上 CD 和井下 Z_1、Z_2 的陀螺方位角。用全站仪做边角测量,测出11、12、13、14、15、16的边长及∠1、∠2、∠5、∠6、∠7的角度值。利用空间三角关系计算∠3、∠4的角度值,再结合控制点 C 的坐标推算出 Z_1、Z_2、Z_3 三点的坐标值。以 Z_1Z_2、Z_3Z_2 起始边作为隧道推进的起始数据。在整个施工过程中,坐标传递测量至少进行三次,用投点仪精确投点,再进行坚向联系。高程传递用鉴定后的钢尺,挂10kg重锤用两台水准仪在井上下同步观测,将高程传至井下固定点。用6~8个视线高,最大高差差值为≤2mm,整个区间施工中,高程传递至少进行三次。高程传递如图6-21所示。

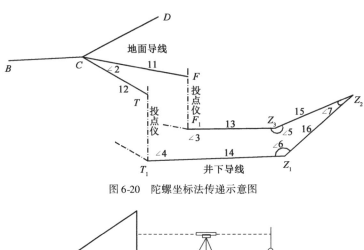

图6-20 陀螺坐标法传递示意图

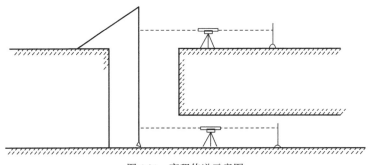

图6-21 高程传递示意图

井下控制测量包括井下平面控制测量和井下水平测量。井下平面控制测量以竖井联系测量的井下起始边为支导线的起始边,沿隧道设计方向布设导线,直线段导线边长≥200m,曲线段导线边长≥100m布设一点。导线采用左右角观测,圆周角闭合差≤2″。井下水平测量以竖井传递的水准点为基准点,沿隧道直线段每100m左右布设一固定水准点,曲线段每50m左右布设一个。按国家三等水准测量规范施测,相邻测点往返测闭合差≤3mm,全程闭合差≤12mm。

2）盾构推进测量

(1) 准备工作

对盾构推进线路数据进行复核计算,计算结果由监理工程师书面确认。实测出始发、接受井预留洞门中心横向和垂直向的偏差,监理工程师书面确认后方可进行下道工序施工。

按设计图在实地对盾构基座的平面和高程位置进行放样,基座就位后立即测定与设计的偏差。在盾构右上方留出位置供安装测量标志,并保证测量通视。盾构就位后精确测定相对于盾构推进时设计轴线的初始位置和姿态。安装在盾构内的专用测量设备就位后立即进行测量,测量成果应与盾构的初始位置和姿态相符,并报监理工程师备查。

（2）盾构推进中测量

在盾构机的配置中,用于掘进方向控制的主要为导向系统(ROBOTEC)来控制,在盾构机右上方管片处安装吊篮,吊篮用钢板制作,其底部加工强制对中螺栓孔,用以安放全站仪,如图6-22所示。

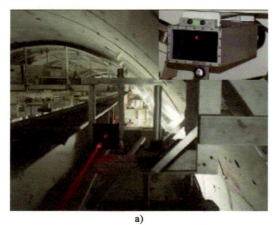

图6-22 ROBOTEC 导向设备及工作图

强制对中点的三维坐标通过洞口的导线起始边传递而来,并且在盾构施工过程中,吊篮上的强制对中点坐标与隧道内地下控制导线点坐标相互检核。如较值过大,需再次复核,确认无误后以地下控制导线测得的三维坐标为准。因此盾构在推进过程中,测量人员要牢牢掌握盾构推进方向,让盾构机沿着设计轴线推进。如图6-23所示。盾构推进测量以ROBOTEC导向系统为主,辅以人工测量校核。该系统主要组成部分有激光标靶、激光全站仪、后视棱镜、工业计算机等如图6-24所示。

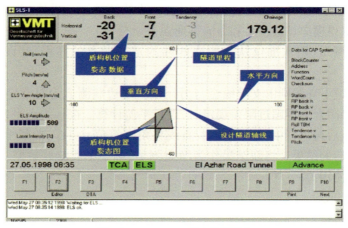

图6-23 ROBOTEC 导向显示平台

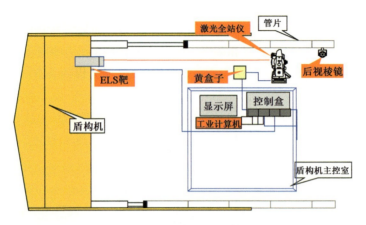

图 6-24　ROBOTEC 导向系统图

ROBOTEC 自动导向系统能够全天候的动态显示盾构机当前位置相对于隧道设计轴线的位置偏差,主司机可根据显示的偏差及时调整盾构机的掘进姿态,使得盾构机能够沿着正确的方向掘进。为了保证导向系统的准确性、确保盾构机沿着正确的方向掘进,需周期性地对 ROBOTEC 导向系统的数据进行人工测量校核。

(3)盾构推进中测量项目

①盾构姿态测量:包括纵向坡度、横向坡度、平面偏离值、高程偏离值、切口里程滚动值等。

②环片成环现状测量:主要包括环片的直径、圆度、环片的平面和高程偏差以及环片前沿里程等。

③隧道隆陷测量:盾构机机头前 10m 和后 20m 范围每天早晚各测量一次,并随着施工进度递进,范围之外的监测点每周观测一次,直至稳定。当沉降和隆起超过规定限差(−30mm/+10mm),或变化异常时,则加大监测频率的监测范围。

④贯通测量:盾构通过一个区间后,联测地上、井下导线网、水准网,并进行平差,为盾构到达提供具有一定精度和密度的导线点与水准点。

⑤平面贯通测量:在隧道贯通面处,采用坐标法从两端测定贯通,并归算到预留洞门的断面和中线上,求得横向贯通误差和纵向贯通误差。

⑥高程贯通测量:用水准仪从贯通面两端测定贯通点的高程,其误差即为竖向贯通误差。

隧道贯通后地下导线则由支导线经与另一端基线边联测成为附合导线,水准导线也变成了附合水准,当闭合差不超过限差规定时,进行平差计算。按导线点平差后的坐标值调整线路中线点,改点后再进行中线点的检测,直线夹角不符值 ≤ ±6″,曲线上折角互差 ≤ ±7″,高程亦要用平差后的结果。将新结果作为净空测量、调整中线起始数据。并报监理工程师审查批准后方可使用。

(4)检验及验收

检验及验收包括:

①施工测量应符合设计要求和国家现行《工程测量规范》(GB 50026—2007)的规定。

②地面高程控制网按Ⅱ等水准点网施测,在Ⅱ等水准点间布设成附合或闭合环线,往返校差、附合或闭合环线高程闭合差应在±8mm之内。

③向洞内或坑内传递高程与坐标传递同步进行,先作趋近水准,按Ⅱ等水准测量方法施测,限差应在±8mm之内。

④基坑内悬挂钢尺方法传递高程应独立观测三测回,高差校差小于3mm时取其平均值。

⑤其他部位施工测量精度应满足设计和规范要求。施工中的监控量测是施工安全的保障,在施工过程中必须按要求进行此项工作,并将结果做系统处理后及时反馈指导施工。

根据设计文件和规范制订详细的监控量测计划,由专职量测组严格组织实施,及时分析反馈信息,指导设计、施工,确保施工安全。为了更精确更迅速的了解围岩的动态变化,判定其稳定性,从而保证施工安全,施工过程中采用全站仪、全自动电子水准仪、钢钢塔尺,位移收敛计和压力盒分别进行拱顶下沉、水平收敛、地表下沉及围岩压力量测,充分掌握隧道开挖后的变形和受力情况。

6.2 地表现场沉降监测分析与模拟数据对比

根据现场监测沉降规律可判断周边土体的稳定状态和当前施工措施的有效性。沉降量趋于平缓时,选取合适的函数进行回归分析,预测最大沉降值。横断面和纵断面沉降槽曲线可判断施工影响范围、最大沉降坡度、最小曲率半径、地层体积损失等。之后在把模拟数据与监测数据进行对比分析,得出结论。

6.2.1 地表现场监测沉降与分析

1)监测方案

为监测控制盾构隧道施工时对周围地表的影响程度和范围,布置地表沉降剖面监测点进行垂直位移监测。在盾构机进、出洞段50m内范围内,按照每4环或每8环布设1个监测断面,每个断面布设8~11个监测点,非进出洞地表沉降监测点轴线点每8环布或40环布设1个沉降监测断面,对地质条件较差的区域应适当增加沉降测点,在隧道中线附近测点应适当加密,遇到地表控制建筑物时,量测范围应适当加宽。地面监测点布设均需要进行开孔处理。

观测方法采用精密水准测量方法。监测时通过测得各测点与基准点(基点)的高程差ΔH,可得到各监测点的标准高程Δh_t,然后与上次测得高程进行比较,差值Δh为该测点的沉降值即:

$$\Delta H_t(1,2) = \Delta h_t(2) - \Delta h_t(1) \tag{6-5}$$

条件许可情况下,尽可能的布设水准网,以便进行平差处理,提高观测精度,然后按照测站进行平差,求得各点高程。

2) 典型监测断面

根据本标段线形特点及施工过程中相互影响程度,本节选取2个典型断面对地表沉降进行监测,断面选取位置如图6-25所示。断面1是典型隧道4线上下重叠的位置;断面2中6号线两线呈上下重叠,5号右线与5号左线相互往里外错开;随着盾构机的掘进,5号右线向上移动,左线向下移动;最后5号左、右两隧道轴线呈重叠状。具体的隧道位置变化如图6-26所示。

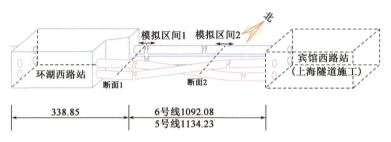

图6-25 模拟区间示意图(尺寸单位:m)

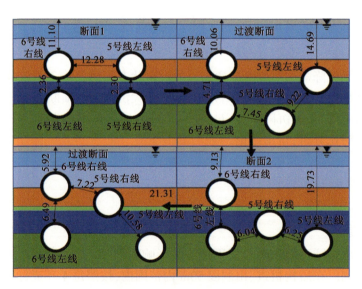

图6-26 隧道施工顺序位置变化图(尺寸单位:m)

根据建立的三维地层—结构模型对盾构隧道掘进过程中力学状态分析,确定施工顺序为"先下后上"。为对重叠段和交叉段盾构掘进过程中各隧道间的相互影响关系进行分析,选取典型断面1和断面2分析后行隧道开挖对先行隧道的扰动作用,先行隧道整体位移是否存在明显变化以及是否可有效控制四条隧道扰动下的地表及周边建筑物沉降变形。

3) 监测结果分析

主要针对断面1和断面三的沉降变形进行具体监测结果分析,现场监测点位置选取5

号线、6号线两线上方中心位置的监测点。与模型监测点3布设位置保持一致。

根据监测原则,对地表沉降监测共分三个阶段进行,分别是盾构机穿越前、穿越中、穿越后,根据不同阶段的监测频率进行实测,在盾构机穿越隧道时的断面1和断面2布设的中心监测点历时地表沉降规律如图6-27、图6-28所示。

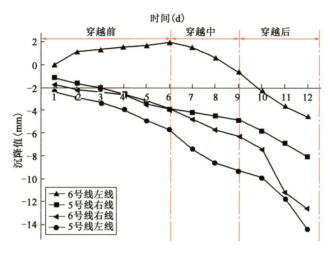

图6-27 断面1地表沉降规律图

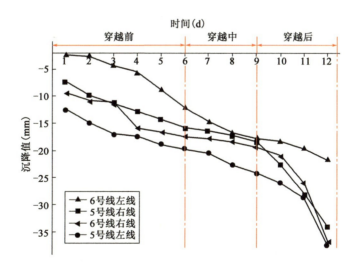

图6-28 断面2地表沉降规律图

在断面1、断面2条件下,从地表沉降历时曲线可以得出:盾构穿越前地表成隆起趋势;盾构穿越过程中盾构机上方地表有一定的沉降趋势,断面1在经历四线施工的最大沉降值为9.3mm,断面2在经历四线隧道施工的最大沉降值为24.2mm;盾构穿越后1~3d沉降值最大,断面1和断面2的监测沉降值达到14.4mm、37.4mm;四线施工结束,地表沉降后期逐渐趋于稳定值。

6.2.2 模拟与监测对比分析

在断面1、断面2所布设的现场监测中选取9个监测点,两断面处的9个特征点的监测累积沉降值与对应位置三维地层—结构模型的计算值进行对比分析。黑色为现场监测值,红色为计算模拟值,如图6-29、图6-30所示。

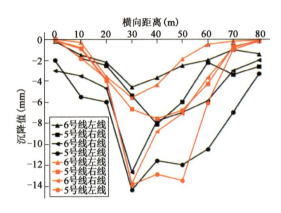
图6-29 断面1监测与模拟累计沉降值对比

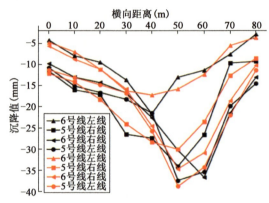
图6-30 断面2监测与模拟累计沉降值对比

由断面1、断面2的监测数据可知:6号线左线单独施工开挖引起的断面1、断面2地表最大沉降量分别为4.4mm、21.7mm;5号右线开挖地表沉降迅速增大,最大值分别达到8.1mm和34.1mm,沉降槽中心明显向右偏移;6号线右线施工开挖,地表沉降值进一步增大,断面1的沉降槽向左移动,两断面的沉降曲线呈单峰状,最大沉降值分别达到12.7mm、36.7mm;5号线左线施工开挖后,断面1的地表沉降曲线由单峰状变位双峰状,断面2的沉降槽向右移动,两断面的最大监测沉降值分别达到14.4mm、37.4mm。

监测沉降值与数值计算值有明显差异,多数测点偏差在1~3mm,少数测点偏差为5~7mm。这是由于数值计算时的岩土参数都是根据预先勘察资料确定的,数值模型中的开挖荷载释放系数是在施工前根据经验选取,还有就是数值计算软件本身与实际施工环境不同,这必然会引起误差。但监测值与模拟数值的峰点相同,且测点的变化趋势也基本一致,断面1在四线开挖后监测值与模拟值都呈双峰状,由于净距较小,双峰形状并不明显。断面2在四线开挖后监测值与模拟值的沉降槽向右偏移。地表沉降计算模拟值与现场监测值有较好的一致性。

6.2.3 小结

使用先进的监测方式,获得现场盾构机掘进过程中监测数据,并进一步对后期地表变形沉降进行预测分析,可以得出以下结论:

(1)隧道单独开挖时地表呈现凹槽沉降,沉降最大值在各自隧道轴线的正上方;整体地表沉降也呈槽形沉降,随着四线开挖后,断面1地表沉降曲线由单峰状变位双峰状。断面2

沉降槽逐渐向右偏移,交叉段地表沉降值远大于重叠段地表沉降值。

(2)上部隧道开挖会引起下部隧道上浮,随着两隧道中心线距离的进一步拉大,隧道开挖所引起的地表沉降值会相应减小,其影响范围不会增大。若开挖隧道与既有已开挖隧道水平距离过近,将会引起既有隧道向新建隧道方向的位移。

(3)现场监测数据与模拟计算值有较好的拟合效果,符合既定控制目标,二者地表沉降数据统计的总体趋势相吻合。也反映出数值模拟的合理性、可靠性和准确性。

(4)根据监测和模拟分析结果应加强地表下沉与上浮施工控制,在优化施工参数的同时,可在近距交叉隧道间的土体考虑注浆加固措施,为后期的施工安全给予可靠保障。

第 7 章

总结

Key Technologies for Construction of Cross-overlapping
Twisted Shield Tunnel Groups

交叉重叠麻花型盾构隧道群施工可采用多孔注浆加固,移动支撑台车作为有效控制隧道变形和地表沉降的安全储备。通过总结一套完整的富水软弱地层中交叉、重叠麻花型盾构隧道群施工技术,可为富水软弱地层中交叉重叠麻花型隧道群的盾构始发、掘进、接收施工提供技术支撑,同时也有效控制了隧道自身及地面变形,解决了沿线建(构)筑物多次扰动控制难题。具有隧道成形质量好、施工风险小、成本低、施工功效高、对周边环境影响小等优点;有利于在其他类似地区大规模发展地下交通和开发地下空间项目,推动了地下建筑施工技术的进步。

本书以天津地铁 5 号线、6 号线交叉重叠麻花型盾构隧道群施工为研究对象,采用三维有限元方法按预先顺序施工工况进行了数值模拟分析,将随机场理论应用于天津地铁 5 号线、6 号线交叠盾构隧道的地层—结构力学分析,得出了以下结论:

(1)局部均值方法是建立多个非平稳土层统一岩土参数随机场的充分条件,并通过各向异性变异函数描述岩土参数的空间统计特征。

(2)协同序贯高斯离散化算法能够考虑随机场统计特征和条件数据,高效离散统计相关的多元岩土参数随机场。

(3)经典 Monte-Carlo 随机模拟方法需要过大的计算代价。而子集 Monte-Carlo 随机模拟算法大幅度地提高了计算效率。

(4)对比随机变量描述岩土参数的变异性,随机场理论将得到更精确的可靠指标,为盾构隧道施工控制和设计优化提供了理论依据。

(5)在富水软弱地层中同一断面盾构隧道(小间距 2.1m)多次始发、接收通过采用支撑体系可以有效地控制施工风险。

(6)盾构区间重叠隧道施工采用多孔注浆加固及移动支撑台车,可有效控制隧道变形、地表沉降及隧道位移。

(7)针对周边临近建(构)筑物,采用预注浆的方式能有效减少建(构)筑物的差异沉降从而确保周边建(构)筑物的安全。

(8)采用预注浆的和注入克泥效能有效减少建(构)筑物的沉降,从而确保周边建(构)筑物的安全,最终将地表和建(构)构筑物沉降控制 20mm 以内,隧道自身变形均控制在 10mm 以下。

(9)采用钢护筒可有效降低始发、接收安全风险。

(10)对于盾构始发、接收风险较大的项目建议采用钢护筒形式始发、接收。

(11)常规地层中($h<30m$)采用三轴搅拌+旋喷桩形式进行加固最为经济且效果较好,端头井位置还有承压水层或特殊情况下可采用冷冻加固的方式,安全性较高。

(12)盾构施工机械化程度较高,要特别重视水平、垂直运输的安全管理。

(13)穿越重要建(构)筑物段要充分实行信息化施工理念,增加监测手段和频率,并及时对监测结果进行总结和分析,以制订针对性的施工措施。

(14)施工中应根据监测数据和受力情况,通过工序的合理安排和有序衔接,采用同步注浆和二次注浆技术,实现了上、下重叠隧道的同步作业,提高了盾构隧道施工速度。此外,有效对管片外水土压力、管片应力、管片之间的受力进行了有效监控量测,对分析交叉、重叠隧

（15）后行上部隧道施工对先行下部隧道管片内力变化影响显著，影响较大的两处危险截面分别位于隧道的拱顶与右拱肩处。在实际施工中，应重点加强对拱顶、拱肩处管片内力的监测。

（16）因受后行隧道开挖扰动影响，先行隧道整体位移存在明显变化，且影响主要呈"牵引发展"的趋势。其中先行隧道竖向整体位移较横向更加显著，具体表现为上部后行隧道（6号线右线、5号线左线）开挖时，下部先行隧道（6号线左线、5号线右线）出现明显的上浮趋势，上浮最大值为13mm。

（17）核心交汇段四线盾构隧道横向沉降槽影响范围为单边50~60m，沉降最大值为23mm。随着后行隧道的牵引作用，峰值点位置略有变动，地表沉降点应重点关注沉降槽内的周边建筑。

过去学者所研究的主要对象多为上下两条重叠盾构隧道，对于类似天津地铁5号线、6号线交叉重叠麻花型盾构隧道群施工的复杂情况，相关研究并不多见。本书针对天津地铁5号线、6号线交叉重叠麻花型盾构隧道群的复杂截面，借鉴国内学者在盾构施工的数值模拟方法研究取得的重要成果，采用随机场可靠度理论来控制施工，为复杂盾构隧道的施工控制与设计优化提供了理论依据，并采用FLAC^{3D}等数值计算软件模拟典型断面开挖过程中地层—结构的相互影响，掌握开挖过程中管片内力变化情况、隧道整体位移发展趋势及周围地表沉降的变化规律，对实际施工具有重要的指导意义。

参 考 文 献

[1] 谢雄耀,牛俊涛,杨国伟,等.重叠隧道盾构施工对先建隧道影响模型试验研究[J].岩石力学与工程学报,2013.
[2] 台启民,张顶立,房倩,等.暗挖重叠地铁隧道地表变形特性分析[J].岩石力学与工程学报,2014(12):101-109.
[3] 赵巧兰.深圳地铁3号红岭站——老街站区间隧道设计[J].石家庄铁道大学学报(自然科学版),2012,(S2):104-109.
[4] 丁修恒,程文锋,吴殿伟,等.苏州市轨道交通3号线重叠隧道盾构掘进参数控制值研究[J].贵州科学,2019.
[5] 徐玉峰.杭州地铁4号线扭转重叠盾构隧道设计[J].工程建设与设计,2014(5):122-126.
[6] 麦家儿.广州地铁3号线支线与主线交叉重叠段的设计与施工[J].城市轨道交通研究,2005,(5):63-67.
[7] 章慧健,仇文革,冯冀蒙,等.近距离重叠隧道盾构施工的纵向效应及对策研究[J].岩土力学,2010,31(11):3569-3573.
[8] 高江宁.地铁区间线路设计采用上下重叠隧道方案探讨[J].山西建筑,2012,38(015):129-131.
[9] 靳晓光,李晓红.深埋交叉隧道动态施工力学行为研究[J].土木建筑与环境工程,2008,30(002):32-36.
[10] 游步上,陈尧中.隧道交叉段变形机制之探讨[J].隧道建设,2007,27(S2):109-113.
[11] 张宪鑫.深埋交叉隧道开挖变形行为及衬砌应力研究[D].重庆:重庆大学,2007.
[12] 张玉军,刘谊平.上下行隧道立交处围岩稳定性的有限元计算[J].岩土力学,2002(04):511-515.
[13] 白廷辉,尤旭东.盾构超近距离穿越地铁运营隧道的保护技术[J].地下空间与工程学报,1999,19(003):2-6.
[14] 韦青岑,张俊儒,游光健.电力隧道与地铁盾构隧道交叉重叠段工法优化数值模拟分析[C]//中国土木工程学会年会,2004.
[15] 杨春晖.某交叉重叠隧道建造技术的研究与应用[J].重庆建筑,2006(Z1):114-117.
[16] 巫环.主、支线交叉重叠段隧道施工技术总结[J].西部探矿工程,2005(S1):210-212.
[17] 赵军,李元海.杭州地铁交叉重叠隧道盾构施工地表沉降三维数值分析[J].隧道建设,2010,30(S1):138-144.
[18] 段宝福,李磊.地铁暗挖区间重叠交叉隧道施工与监测[J].施工技术,2012,41(13):77-8.
[19] 张海波,殷宗泽,朱俊高.近距离叠交隧道盾构施工对老隧道影响的数值模拟[J].岩土力学,2005(02):282-286.

[20] 刘秋霞,王长虹,徐子川,等.重叠交叉盾构隧道地表沉降控制分析[J].现代隧道技术,2018,55(S2):855-863.

[21] 程红战,陈健,李健斌,等.基于随机场理论的盾构隧道地表变形分析[J].岩石力学与工程学报,2016,35(S2):4256-4264.

[22] 李健斌,陈健,罗红星,等.基于随机场理论的双线盾构隧道地层变形分析[J].岩石力学与工程学报,2018,37(07):1748-1765.

[23] 孙钧.地下工程设计理论与实践[M].上海:上海科学技术出版社,1996.

[24] 高大钊.土力学可靠性原理[M].北京:中国建筑工业出版社,1989.

[25] MOLLON G, DIAS D, SOUBRA A H. Probabilistic analysis of circular tunnels in homogeneous soil using response surface methodology[J]. Journal of Geotechnical and Geoenvironmental Engineering, 2009, 135(9):1314-1325.

[26] MATHERON G, ARMSTRONG M. Principles of geostatistics[J]. Economic Geology, 1963, 58, 1246-1266.

[27] Wang C H, Zhu H H. Combination of kriging methods and multi-fractal theory to estimate spatial distribution of the geotechnical parameters[J]. Bulletin of Engineering Geology and the Environment, 2016, 75:413-423.

[28] WANG C H, HARKEN B, OSORIO-MURILLO C A,et al. Bayesian approach for probabilistic site characterization assimilating borehole experiments and Cone Penetration Tests[J]. Engineering Geology, 2016, 207:1-13.

[29] WANG C H, OSORIO-MURILLO C A, ZHU H H,et al. Bayesian approach for calibrating transformation model from spatially varied CPT data to regular geotechnical parameter[J]. Computers and Geotechnics, 2017, 85:262-273.

[30] MANTOGLOU A, WILSON J L. The turning bands method for simulation of random fields using line generation by a spectral method[J]. Water Resources Research, 1982, 18(5):1379-1394.

[31] HUANG S P, QUEK S T, PHOON K K. Convergence study of the truncated karhunen-loeve expansion for simulation of stochastic processes[J]. International Journal for Numerical Methods in Engineering, 2001, 52(9):1029-1043.

[32] PEBESMA E J. Multivariable geostatistics in S:the gstat package[J]. Computers & Geosciences, 2004, 30(7):683-691.

[33] 梁诗雪,孙伟玲,李杰.随机场的随机谐和函数表达[J].同济大学学报:自然科学版,2012,40(7):965-970.

[34] 张仁铎.空间变异理论及应用[M].北京:中国科技出版社,2005.

[35] PAPAIOANNOU I, STRAUB D. Reliability updating in geotechnical engineering including spatial variability of soil[J]. Computers and Geotechnics, 2012, 42:44-51.

[36] 沈培良,张海波,殷宗泽.上海地区地铁隧道盾构施工地面沉降分析[J].河海大学学报:自然科学版, 2003, 31(5):556-559.

[37] 孔恒,王梦恕,陈湘生,等.城市地铁隧道工作面开挖的地层变位规律[C]//城市地下空间开发与地下工程施工技术高层论坛,2004.

[38] 万姜林,潘明亮,李治国. 浅埋单洞双层重叠隧道施工引起的地表与支护结构变形分析[C]∥中国土木工程学会年会,2004.

[39] 王来斌. 特大断面小净距地下车站围岩压力特征研究[D]. 重庆:重庆大学,2012.

[40] 许有俊,聂鑫路,魏云杰,等. 新建头塘车站上穿既有地铁结构的变形控制[J]. 地下空间与工程学报,2016,12(1):153-161.

[41] 杨敏,赵锡宏. 分层土中的单桩分析法[J]. 同济大学学报,1992,04:421-428.

[42] 李小勇,谢康和,虞颜. 土性指标相关距离性状的研究[J]. 土木工程学报,2003,36(8):91-96.

[43] 林军,蔡国军,邹海峰,等. 基于随机场理论的江苏海相黏土空间变异性评价研究[J]. 岩土工程学报,2015,07:1278-1287.

[44] 武登辉. 岩土参数不确定性研究及工程应用[D]. 杭州:浙江大学,2012.

[45] 朱红坤. 地铁地表沉降监测数据分析与交互处理[D]. 西安:西安建筑科技大学,2010.

[46] 韩煊,李宁. 隧道开挖不均匀收敛引起地层位移的预测模型[J]. 岩土工程学报,2007,29(3):347-352.

[47] 荆龙飞. 地铁浅埋暗挖施工引起地表沉降规律研究[D]. 西安:西安建筑科技大学,2013.